Khadidsche

Die erste Muslimin und
Ehefrau des Propheten

Reşit Haylamaz

DEFINE
VERLAG

3. Auflage

ÜBERSETZUNG *Necla Mertek*
REDAKTION *Salih Akkuş*
LEKTORAT *Lenius Hirschberger*
Wilhelm Willeke
SATZ & COVER *Onur Alka*

Linemarketing GmbH
Wilhelmstr. 29 A2 – 13593 Berlin
www.deinbuchshop.de
ISBN: 978-3-946871-40-8
Druck: Drukarnia READ ME, Polen

INHALT

Vorwort . . . . *viii*

EINFÜHRUNG 3
EINE ERHABENE FAMILIE 6
DIE „SCHWESTER DER KAABE“ UND ANDERE DOMIZILE 14
DIE FROHE KUNDE 17
TAHIRAS SÖHNE 22
DIE RECHTLEITUNG GOTTES 25
EIN WEITERER SCHRITT 31
DIE REISE NACH DAMASKUS 36
DIE HOCHZEIT 43
KHADIDSCHES HAUSHALT 55
EIN IN JEDER HINSICHT HARMONISCHES HEIM . . . 58
DIE FRÜCHTE DER GESEGNETEN EHE 61
DIE BOTSCHAFT GOTTES KÜNDIGT SICH AN 66
DAS ERSCHEINEN DES ERZENGELS 69
DIE ERSTE OFFENBARUNG 75
DER ERSTE MUSLIM 82
EINE UNVERGESSLICHE LOYALITÄT 91
ZWIEGESPRÄCHE MIT DEM ERZENGEL 95
IMMER IN DER NÄHE DES PROPHETEN 99
DIE WEGBEREITERIN 102
DER BOYKOTT 106
DER ABSCHIED 116
UNVERGESSLICHE ERINNERUNGEN 121
ZEYNEB UND IHR EHEMANN 124
FELSENFESTE TREUE 141

Schlussbemerkung *145*

VORWORT

WIR MENSCHEN NEIGEN DAZU, VORBILdern, die man uns präsentiert, nachzueifern. Und wir bemühen uns, so zu leben wie sie. Wer sein Leben an solchen Archetypen ausrichtet, ist eher dazu in der Lage, selbst ein vorbildliches Leben zu führen. Denn viele andere Menschen, denen es an einer Leitlinie fehlt, leiden ganz offensichtlich an Orientierungslosigkeit. Aus diesem Grunde lenkt der Koran unsere Aufmerksamkeit an mehreren Stellen auf das Leben der Propheten, die uns als Vorbilder für einen vollkommenen Glauben dienen können. Auch der Prophet Muḥammed, Friede und Segen seien mit ihm[1], hat dies immer wieder betont.

Bis in unser so genanntes modernes Zeitalter hinein ist es der Menschheit nicht gelungen, Hedonismus und Maßlosigkeit abzustreifen. Und gerade in dieser Hinsicht können wir modernen Menschen sehr von sorgfältig ausgewählten Vorbildern aus der Geschichte profitieren. Gemeinschaften, denen es heute gelingt, ähnliche Vorbilder hervorzubringen, befinden sich auf einem guten Weg. Sie werden ihren Mitgliedern aller Wahrscheinlichkeit nach Glück und Wohlergehen bescheren. Wir brauchen Menschen, die schimmern wie Sterne, Menschen, die ihrem Umfeld Glanz verleihen und an denen sich ihre

Mitmenschen orientieren können, wenn sie sich persönlich weiterentwickeln möchten.

Dem Propheten Muhammed zufolge gehörten seine erhabenen Gefährten zu den bedeutendsten Menschen, die je gelebt haben. Ihr Leben birgt Schätze, die uns bei der Lösung vieler Probleme von heute helfen können.

Präsentieren möchte ich Ihnen, liebe Leserinnen und Leser, daher in diesem Buch

- ein aktives Leben,
- ein rechtschaffenes Vorbild,
- eine unvergessliche Erinnerung,
- ein Muster an Glaubwürdigkeit,
- die Erste unter den Ersten,
- die „Königin" unter den Frauen,

kurz: das Leben der gesegneten Khadīdsche, möge es Ihnen ein Quell des Guten sein!

EINFÜHRUNG

Das beispielhafte Leben der Gefährten des Propheten Muhammed, die von ihm selbst geschult und ausgebildet wurden, kann uns auch in der heutigen Zeit als Vorbild dienen. Im Leben und Wirken dieser imponierenden Menschen finden wir Lösungen für viele scheinbar unlösbare Probleme der Gegenwart. Die Gefährten wurden von Gott geleitet. Ihr Handeln besaß Modellcharakter, und sie hinterließen ihren Nachkommen ein bestelltes Feld. Um aber von dem bemerkenswerten Lebensstil der Gefährten profitieren zu können, müssen wir ihn auf unsere Zeit übertragen. Dieses Ziel lässt sich auf verschiedenen Wegen erreichen. Wir haben uns in diesem Buch dazu entschieden, eventuell vorhandene Wissenslücken nicht mit unseren eigenen Vorstellungen auszuschmücken, sondern stattdessen real stattgefundene Dialoge von Khadidsche mit ihrem Ehemann, dem Propheten Muhammed, und mit den Gefährten oder Gespräche der Gefährten untereinander wiederzugeben. Diese Vorgehensweise dürfte in jedem Fall den praktischen Nutzen erhöhen. Die zitierten Dialoge wurden originalgetreu aus den Quellen übernommen. Auf eine Beurteilung oder gar Kritik wurde ganz bewusst verzichtet.

Diese Aufgabe möchten wir den Gelehrten und Experten überlassen.

Unser Buch wendet sich vor allem an Muslime, die ihr Leben ihren spirituellen Werten entsprechend sinnvoll gestalten möchten. Es ist ein Ratgeber für all diejenigen, die ihren Lebensweg nach dem Wohlgefallen Gottes und seines Gesandten Muhammed ausrichten möchten. Es soll Frauen, die es heute aus den unterschiedlichsten Gründen schwer haben, neue Wege aufzeigen. Denn gerade ihnen hat das beispielhafte Leben von Khadidsche, der Ehefrau des Propheten, sehr viel zu bieten. Doch genug der Vorrede, widmen wir uns nun ganz unserer „Meisterin" Khadidsche.

EINE ERHABENE FAMILIE

„SEI UNBESORGT! GOTT WIRD DICH GEWISS beschützen. Denn du kümmerst dich um deine Verwandten, reichst den Armen deine Hand und kleidest sie. Du empfängst immerfort Gäste, weichst nie vom Weg Gottes ab und hast dich ganz den guten Taten gewidmet.“

Mit diesen Worten beruhigte Khadidsche den Propheten, nachdem dieser in der Höhle Hira auf dem Lichtberg die erste Offenbarung vom Erzengel Gabriel empfangen hatte und anschließend nach Mekka zurückgekehrt war. Wer war diese Khadidsche, die sich sofort ohne Wenn und Aber zu der neuen Botschaft bekannte, die sogleich Stellung bezog und ihren Ehemann von Herzen unterstützte? Welche Ausbildung hatte sie genossen? Über wie viel Wissen verfügte sie? Mit welchen Tugenden beschritt sie ihren Weg, für den sie sich frei entschieden hatte?

Khadidsche kam im Jahr 555 n. Chr. zur Welt, 15 Jahre bevor Abraha , der abessinische König des Jemen mit seiner Armee auf die Kaabe vorrückte.[2] Khadidsches Vater war Khuweylid ibn Esed und ihre Mutter Fāṭima bint Zā'ide. Khuweylid war einer der ehrenhaftesten und höchstangesehenen Männer vom Stamme der Quraysch. In wichtigen Angelegenheiten pflegten sich die Mekkaner an ihn zu wenden und seinen Rat einzuholen. Khuweylid gehörte, wie auch ʿAbdulmuṭṭalib, der Großvater des Propheten, der Kommission an, die die Mekkaner gebildet hatten, um jener aus dem Jemen drohenden Gefahr Einhalt zu gebieten.

Khadidsche und der Prophet Muhammed besaßen über die Abstammungslinie ihrer Väter in Quṣayy ibn Kilāb einen gemeinsamen Vorfahren, der fünf Generationen vor ihnen gelebt hatte. Aber auch mütterlicherseits gab es in Luʾeyy und ʿAbdi Menaf eine ähnliche Verbindung. Diese verwandtschaftliche Nähe zum Propheten zeichnete keine andere seiner Ehefrauen aus.

Khadidsches Verwandtschaftsverhältnisse

In der Vorbereitung auf das, was Khadidsche in der Zukunft erwarten würde, spielte ihre Verwandtschaft eine große Rolle. Deshalb sollen hier einige weitere Verwandte namentlich erwähnt werden. Als Khadidsches Vaters Khuweylid im Krieg fiel, trat ihr Onkel ʿAmr ibn Esed an seine Stelle, der unter den Mekkanern hohes Ansehen genoss. Aus der Ehe ihrer Schwester Hala mit Rabiʿa ibn ʿAbd el-ʿUzzā ging ihr Neffe Ebu'l-As hervor, der einmal den Beinamen *El-Emīn* (der Vertrauenswürdige) tragen sollte. Diesem vertrauenswürdigen Neffen gab Khadidsche mit Einverständnis des Propheten später ihre gemeinsame Tochter Zeyneb zur Frau. Ein weiterer Neffe Khadidsches war Ḥakīm ibn Ḥizām, das erste Kind, das – und zwar drei Jahre vor dem Jahr des Elefanten – in der Nähe der Kaabe zur Welt kam. Er unterstützte seine Tante Khadidsche bei ihren Handelsaktivitäten und war schon eng mit Muhammed befreundet, bevor dieser zum Propheten berufen wurde. Von seinem Ahnen Qussay übernahm Hakim ibn Hizam das Amt eines Anwalts der Mekkapilger. Er war es, der den Kind Zeyd, welcher in den Anfangsjahren einer der wichtigsten Helfer des Propheten werden sollte, auf dem Basar ʿUkāẓ kaufte und ihn zu seiner Tante Khadidsche brachte. Außerdem tat er alles, um den Muslimen in den entbehrungsreichen Jahren des Boykotts zu helfen und ihnen wichtige Türen zu öffnen. Um das Herz dieses von ihm so hoch geschätzten Menschen für den Islam zu gewinnen, schenkte ihm der Prophet nach der Schlacht von Ḥuneyn 100 Kamele aus der Kriegsbeute. Einige Jahre später, gleich nach der Eroberung von Mekka, bekannte sich Hakim ibn Hizam dann tatsächlich zum Islam. Daraufhin erinnerte ihn der Prophet an seine guten Taten aus der Vergangenheit und lobte ihn:

Kein Zweifel, als du Muslim wurdest, hat du viele gute Taten aus der Vergangenheit mitgebracht.[3]

Als der Prophet in Mekka einzog, ließ er Hakim ibn Hizam seine Grüße ausrichten und erklärte, dass jeder Zufluchtsuchende in seinem Haus Sicherheit finden werde. Obwohl Hakim ibn Hizam dem Islam von Anfang sehr nahestand, nahm er den Islam also relativ spät an. Damit ihm seine Taten aus der Vergangenheit vergeben werden konnten, setzte er sich aber fortan umso mehr für seine neue Religion ein. Als er das *Dār en-Nedwe* erbte, den Tagungsort eines Komitees, das wichtige Entscheidungen traf, verkaufte er es an Muʿāwiye weiter und stiftete den Erlös für die Sache Gottes. Einmal entschloss er sich, die Hadsch (die Pilgerfahrt) zu vollziehen und verschenkte vor seinem Aufbruch 100 Kamele und 1000 Schafe. Außerdem schenkte er 100 Sklaven die Freiheit.

Am Tag der Schlacht von Ḥuneyn hatte Hakim ibn Hizam Gott und dem Propheten ein Versprechen gegeben: Er würde sich vornehmen, ein genügsames Leben zu führen und nie mehr jemanden um etwas zu bitten. Auch würde er auf jede Art von Entlohnung verzichten. Hakim ibn Hizam starb im Jahr 54 nach der Hidschra (der Auswanderung des Propheten von Mekka nach Medina im Jahr 622 n. Chr.) zur Zeit des ersten Umayyadenkalifen Muawiye.[4] Er wurde 120 Jahre alt, von denen er 60 Jahre im „Zeitalter der Unwissenheit“ (Dschāhiliyye) und 60 Jahre als Muslim lebte.

Khadidsches Cousin Waraqa ibn Newfel war ihr in jüngeren Jahren die wichtigste Informationsquelle. Er besaß genug Wissen, um die Thora und die Bibel in hebräischer Sprache zu lesen und zu verstehen. Weil ihm der Gedanke, Götzen anzubeten, zuwider war, machte er sich auf die Suche nach der wahren Religion. Dabei fand er heraus, dass in den Heiligen Schriften das Kommen eines letzten Propheten prophezeit worden war. Also erwartete er ihn sehnsüchtig.

Er teilte sein Wissen und seine Erfahrungen mit seiner Cousine und bereitete sie so auf die Zukunft vor. Khadidsche ihrerseits pflegte ihm alle Neuigkeiten zu berichten. Er interpretierte sie dann und machte sie ihr verständlich. Zu jener Zeit war es üblich, über Gedichte miteinander zu kommunizieren. Auch Waraqa brachte seine Gefühle oft in Gedichten zum Ausdruck. Als er einmal in seinen Versen auf das Kommen des Propheten anspielte, bat ihn Khadidsche, er möge ihr mehr davon erzählen. Er entgegnete ihr, er könne zwar nicht in die Zukunft sehen, aber dennoch wüsste er, dass der Erzengel Gabriel jemandem namens Aḥmed eine Offenbarung bringen würde. (Auch der Koran nennt Muhammed in Vers 61:6 „Ahmed – der Lobenswürdige".) Dieser würde dann zum Propheten ernannt und mit Gottes Botschaft entsandt werden, um die Menschheit zu erretten.

Viele Jahre später wurde der Prophet Muhammed einmal nach jenem Waraqa ibn Newfel gefragt, der kurze Zeit später gestorben war. Da kam ihm Khadidsche, die zufällig dabei war, zuvor und antwortete für ihn: „Ohne Zweifel hat er dich bestätigt. Nur starb er, bevor du deine Prophetenschaft erklärt hast!" Der Prophet fügte hinzu: *Gewiss! Ich habe ihn ein weißes Gewand tragen sehen. Würde er zu den Bewohnern der Hölle gehören, hätte ich ihn in anderer Kleidung gesehen.*[5]

Als der Prophet bei anderer Gelegenheit jemanden über Waraqa sprechen hörte, verkündete er die frohe Botschaft, dass Waraqa im Paradies sei (das ihm, dem Propheten, gezeigt worden war).[6] Aufgrund dieser und weiterer ähnlicher Aussagen des Propheten bezeichnen manche Gelehrte Waraqa ibn Newfel als Muslim und zählen ihn zu den Prophetengefährten (*Ṣaḥābe).* Weil er kurz nach der ersten Offenbarung starb, erhielt er nicht mehr die Chance, am späteren Leben und an dem Auftrag des Propheten teilzuhaben.

Zubeyr ibn el-ʿAwwām, der später als Gefährte des Propheten bekannt werden sollte, war ein weiterer Neffe Khadidsches. Seine Mutter Safiya war eine Tante des Propheten väterlicherseits. Zubeyr wurde im Alter von 12 Jahren Muslim. Er wanderte zuerst nach Abessinien (ins heutige Äthiopien) aus und später dann nach Medina. Am Tag der Schlacht von Badr sagte der Prophet, die Engel seien in der Gestalt von Zubeyr herabgestiegen.[7] Während des Qurayza-Konflikts betonte er: *Jeder Prophet hat einen Apostel, und mein Apostel ist Zubeyr.*[8] Zubeyr zählte zu den 10 Gefährten, denen noch zu Lebzeiten das Paradies versprochen wurde. Nach dem Tod des Propheten entwickelte er sich zu einer der führenden Persönlichkeiten der muslimischen Gemeinschaft. Er war eines von sechs Mitgliedern jenes beratenden Ausschusses, der von ʿUmar gegründet wurde. Somit spielte Zubeyr bei der Wahl des Nachfolgers des Propheten eine wichtige Rolle.

DIE „SCHWESTER DER KAABE“ UND ANDERE DOMIZILE

DAS HAUS VON KHADIDSCHES GROSSVATER Esed ibn ʿAbd el-ʿUzzā lag wenige Meter westlich der Kaabe.[9] Kurz nach Sonnenaufgang fiel der Schatten der Kaabe auf sein Haus, und bei Sonnenuntergang fiel der Schatten seines Hauses auf die Kaabe. Aufgrund dieser Nähe zur Kaabe nannte man es auch die Schwester der Kaabe.

Ein Ast, der aus dem Garten der Schwester der Kaabe herauswuchs, reichte so weit zur Kaabe herüber, dass er die Pilger bei der Umschreitung des Heiligtums störte. Schließlich ließ Umar den Baum fällen und zahlte dafür eine Kuh als Entschädigung. Anschließend kaufte er das ganze Grundstück und schloss es in den Grenzbezirk der Heiligen Stätte ein. So entledigte er sich des Problems endgültig.

Unmittelbar vor ihrer Ehe mit dem Propheten wohnte Khadidsche dann in dem Viertel Ajyad, das auch unter dem Namen Festungsberg bekannt ist. Später schenkte sie dieses Haus ihrer Tochter Zeyneb zur Hochzeit mit Ebū'l-Āṣ ibn ar-Rabīʿ. Umama, die nach Fatimas Tod Ali heiraten sollte, kam in diesem Haus zur Welt. Nach der Auswanderung von Ebu'l-As nach Medina wurde es von dessen Cousins beschlagnahmt. Seinerzeit verloren auch alle anderen Auswanderer ihren Besitz, den sie in Mekka zurücklassen mussten. Damit verlieren sich die Spuren des Erbes dieses Hauses.

Nachdem Khadidsche den Propheten geheiratet hatte, zogen die beiden in ein Haus, das sie von Hakim ibn Hizam kauften. Dort wurden auch ihre gemeinsamen Kinder geboren. Nach der Auswanderung des Propheten wurde dieses Haus von Ebū Ṭālibs Sohn ʿAqīl verkauft. Es war Zeuge so mancher Offenbarung geworden und hatte miterleben dürfen, wie viele Menschen zum Islam eingeladen wurden. Nun aber fiel es nach 13 Jahren Fremden in die Hände. Vor der Auswanderung war es ein Versammlungsort gewesen, der von allen Menschen, nicht nur von Muslimen gern aufgesucht wurde; so zum Beispiel von angesehenen mekkanischen Persönlichkeiten wie Ebū Dschehl, Ebū Sufyān und el-Akhnes ibn Scherīq, die heimlich dorthin gingen, um sich anzuhören, was ihnen der Koran zu sagen hatte.[10]

DIE FROHE KUNDE

ALS KHADIDSCHE ZUR WELT KAM, HERRSCHte im Hidschaz[11] Unwissenheit vor. Doch inmitten dieses Sumpfes wuchsen auch immer noch einige Rosen-Menschen, die von den Lastern der Unwissenheit unberührt geblieben waren, Menschen wie Waraqa ibn Newfel, ʿUbeydullah ibn Dschaḥsch, Quss ibn Sāʿide, Eksem ibn Ṣayfī, Zuheyr ibn ebī Sulmā, ʿUthman ibn el-Ḥuweyrith und Zeyd ibn ʿAmr. Sie suchten nach der Wahrheit, indem sie sich darum bemühten, dem von Abraham aufgezeigten Weg zu folgen und bei den Menschen in ihrem Umfeld Interesse für dessen Grundprinzipien und Werte zu wecken. Die Häuser dieser Menschen, denen in punkto wahrer Erkenntnis damals niemand das Wasser reichen konnte, waren Zentren, die andere Wahrheitssucher anzogen. Dort wurden gute Ratschläge erteilt oder auch in der Sprache der Poesie die neuesten Nachrichten verkündet.

Kurzum: Auch Khadidsche zählte zu den Wenigen, die den Lastern und der Unmoral des Zeitalters der Unwissenheit noch trotzten. Sie vertraute Waraqa ibn Newfel, der ihr viele Probleme abnahm und ihr nicht nur ein naher Verwandter war, sondern auch ein wichtiger Quell der Erkenntnis. Schon damals führte sie ein rechtschaffenes Leben. Ihre Keuschheit und

Ehrenhaftigkeit und ihr Sinn für Schönheit waren weithin bekannt und wurden allseits bewundert. Schon zu Zeiten, in denen den meisten Menschen die grundlegenden Werte abhandengekommen waren, hatte man sie *Ṭāhira,* die Reine, gerufen. Unter den Frauen der Quraysch war sie *Seyyide,* Dame, genannt worden, was von großem Respekt zeugt. Mit einem weiteren Namen, *Dscheyyide,* wurden ihr weiter Horizont und ihre gute Auffassungsgabe gelobt.

Schon vor dem Islam war die Kaabe als heiliger Ort verehrt worden. Die Menschen pilgerten zu ihr, um sie dann nackt zu umschreiten. Sie stellten dort Götzenbilder auf, die einzelne Stämme repräsentierten. Damals wie heute waren die Versorgung der Pilger und die Pflege der Kaabe ehrenhafte Aufgaben, auf die man stolz war. Die entsprechenden Ämter wurden von Generation zu Generation vererbt. Folglich genossen die Hüter der Kaabe hohes Ansehen. Wie bereits erwähnte, gehörte Qusayy ibn Kilab, den seine Abstammungslinie mit dem Propheten verband und der in fünfter Generation mit Khadidsche verwandt war, zu jenen bemerkenswerten Männern, die diesen prestigeträchtigen Dienst verrichteten.

In diesem Umfeld, in dem die Traditionen Abrahams verehrt und weitergegeben wurden und religiöse Themen permanent Gesprächsthema waren, wuchs Khadidsche also heran; und sie sog all das begierig in sich auf. Besonders aber interessierte sie die in Thora und Bibel angekündigte nahende Ankunft des Propheten. Dieses Thema beschäftigte nicht nur sie und ihren Cousin Waraqa, sondern den ganzen Hidschaz, ja die ganze Arabische Halbinsel. Fast schien es damals, als wetteiferten die Araber darum, wer am meisten über den kommenden Propheten wisse. Man diskutierte darüber, wie er wohl aussehen und über welche großartigen Qualitäten er verfügen werde – ähnlich wie man es vor der Geburt des eigenen Kindes zu tun pflegt. Auch über seinen Geburtsort und über die mit seinem Kommen verbundenen Zeichen zerbrach man sich den Kopf.

Khadidsche wartete, seitdem sie die frohe Kunde vernommen hatte, voller Gottvertrauen auf das Erscheinen des Propheten. All die Mutmaßungen über seine Körpergröße, seine Stimme, seine Gewohnheiten und seine vornehme Erscheinung waren ihr nicht verborgen geblieben. Und dennoch erschienen ihr diese Merkmale eher wie die Beschreibungen einer Traumgestalt, der jeder Bezug zu ihrem realen Leben fehlte.

Selbst die Gelehrten der damaligen Zeit wurden nicht müde, das bevorstehende Ereignis zu verkünden. Und langsam aber sicher wiesen tatsächlich immer mehr Zeichen darauf hin, dass es nun bald so weit sein musste. Der Schatten des angekündigten Propheten berührte bereits die Welt, und in der ganzen Region bereitete man sich darauf vor, sein Kommen gebührend zu feiern.

TAHIRAS SÖHNE

Als Khadidsche ins heiratsfähige Alter kam, wollten viele junge Männer von vornehmer Abstammung sie gern zur Frau nehmen. Wer hätte nicht um ihre Hand halten wollen? Sie entstammte einer sehr wohlhabenden, vornehmen und angesehenen Familie. Sie selbst wiederum war weithin als hübsch, klug, reif und besonnen bekannt. Und so schloss sie mit Ebū Hāle Hind ibn Zurāra den Bund der Ehe. Zwar gingen aus dieser Verbindung zwei Söhne hervor, Hind und Hāle. Doch sollte sie nicht von Dauer sein, denn schon bald darauf starb Ebu Hale.

Hind stand seiner Mutter zeit ihres Lebens sehr nahe, was sich auch nicht änderte, als sie schließlich den Propheten heiratete. Im Gegenteil, dem Propheten lag seine Erziehung besonders am Herzen, sodass ihm später der Beiname *Rabīb ar-Rasūli'llāh* verliehen wurde – der, der vom Propheten Gottes ausgebildet wurde. Hind kämpfte an der Seite des Propheten in den Schlachten von Uḥud und Bedr. Und nach dem Tod des Propheten stand er in der Schlacht von Dschemel in den Reihen von ʿAlī ibn Ebī Ṭālib, dem vierten Kalifen. Dort fiel er und starb den Märtyrertod im Kampf um Gerechtigkeit.

Hind führte ein in jeder Hinsicht beispielhaftes Leben. Was ihn aber besonders auszeichnete, war sein vortreffliches Gedächtnis: Als Ḥasan, der Sohn seiner Schwester, ihn immer wieder darum bat, ihm vom Propheten zu berichten, beschrieb er ihm dessen äußere Erscheinung, seine Tugenden und sein Handeln in allen Details.[12] Während sich viele andere Menschen aus dem Umfeld des Propheten kaum trauten, diesen überhaupt nur anzuschauen (so groß war ihre Ehrfurcht vor seiner Erhabenheit und Größe), scheute Hind weder vor noch nach dem Tod des Propheten davor zurück, in aller Offenheit von ihm zu erzählen. Und natürlich wusste er, wovon er sprach, schließlich hatte er ja sehr lange und auf engstem Raum mit ihm zusammengelebt. Nach dem Tod ihres ersten Mannes heiratete Khadidsche ʿAtīq ibn ʿĀʾiḏ vom Stamm der Banu Makhzum. Dieser brachte eine Tochter mit in die Ehe, die ebenfalls den Namen Hind trug. Doch auch Atiq ibn Aidh verstarb schon nach kurzer Zeit. Das Mädchen blieb in Khadidsches Obhut und heiratete schließlich Ṣafiyy ibn ʾUmeyy vom Stamme der Benū Makhzūm. Aus dieser Ehe stammt Khadidsche Enkel Muhammed. Er und seine Nachkommen wurden später *Tahiras* Söhne – Söhne der Reinen – genannt.

DIE RECHTLEITUNG GOTTES

PROPHETEN GENIESSEN GEMEINHIN DAS besondere Privileg, Träume zu empfangen, in denen ihnen wichtige Informationen übermittelt werden. Als ein Teil der Offenbarung waren sie auch eines der Mittel, in denen Gott den Propheten ihren Weg vorzeichnete. ʿĀʾische, eine spätere Ehefrau Muhammeds, betonte ausdrücklich, dass die Träume des Propheten so klar wie das frühe Morgenlicht waren und keiner Interpretation bedurften. Weil die Mitglieder der Familie des Propheten eine besondere Rolle zu spielen hatten, darf angenommen werden, dass auch sie außergewöhnliche Träume hatten, in denen ihnen Hinweise auf das Kommen des zukünftigen Propheten und auf ihre eigene Aufgabe gegeben wurden. Und so erging es auch Khadidsche, schon lange bevor sich ihr Weg mit dem des Propheten Muhammed kreuzte.

Einmal sah Khadidsche im Traum ein Licht so hell wie der Mond oder sogar die Sonne, das vom Himmel erst auf ihr Haus herab schien und dann in ihre Brust drang, bevor es mit seinem strahlenden Glanz schließlich das ganze Universum erfüllte. Verwirrt und zutiefst bewegt erwachte sie und wusste sogleich, dass dies eine Bedeutung haben musste. Denn an Zufälle glaubte sie nicht. Also stand sie auf und ging zu ihrem Cousin Waraqa, der ihr ja Vertrauter und spiritueller Mentor zugleich war, um ihn nach seiner Meinung zu fragen.

Waraqa, damals schon ein alter Mann, war natürlich verblüfft. Durch diesen Traum fühlte er sich bestärkt. Denn wie ja bereits erwähnt, gehörte er zu den wenigen Menschen, die schon sehr früh die metaphysische Dimension der sich ankündigenden Ereignisse erfasst hatten. Also sagte er zu ihr:

„Frohe Kunde, meine Cousine, frohe Kunde wurde dir zuteil! Dieser Traum ist ohne Zweifel ein Geschenk, das dir Gott in Seiner Freigebigkeit zukommen ließ. Sehr bald wird Gott dein Haus in Seinem hellen Licht erstrahlen lassen. Gott weiß es am besten, aber ich denke, bei diesem Licht könnte es sich um das Licht des Propheten gehandelt haben."[13]

So sehr Khadidsche diese Interpretation ihres Traumes gefiel, so perplex war sie auch, dass ausgerechnet sie von Gott angesprochen worden sein sollte. Und als sie wie versteinert dastand, wurde Waraqa noch präziser: „Der letzte Prophet ist auf die Welt gekommen. Du wirst seine Frau werden. Solange du lebst, wird er Offenbarungen empfangen, und seine Religion wird das gesamte Universum umspannen. Du wirst die Erste sein, die an ihn glaubt. Dieser Prophet wird unter den Quraysch aus der Familie der Ḥāschim hervorgehen."

Waraqa sollte Recht behalten. Nicht nur was das Erscheinen des Propheten betraf, sondern auch im Hinblick auf dessen Eheschließung mit Khadidsche. Durch ihn würde der Menschheit die letztgültige Religion überbracht werden – eine Religion, die tatsächlich die ganze Menschheit umspannen sollte. Waraqa hatte sogar erkannt, dass dieser Prophet aus dem Stamm der Quraysch und der Familie der Haschim hervorgehen würde. Er wusste also schon vorher, was in naher Zukunft geschehen würde. Am gleichen Tag ereigneten sich, wie Khadidsche später erfahren sollte, in Mekka und dem Hidschaz noch weitere ungewöhnliche Dinge.

Kurz darauf, an einem Festtagsmorgen, saßen die Frauen von Mekka beisammen und feierten. Unter ihnen auch Khadidsche, die zuvor die Kaabe umschritten und möglicherweise zu Gott gebetet hatte, Er möge ihren Traum Wirklichkeit werden lassen. Plötzlich tauchte ein Mann auf, den niemand von ihnen je gesehen hatte.[14] Er kam näher und sprach sie direkt an: „O ihr Frauen von Mekka!" Neugierig, was der Fremde ihnen zu sagen hatte, drehten sich alle Frauen nach ihm um. Was wollte er wohl von ihnen? Und während diese Frage in ihren Köpfen Gestalt annahm, fuhr er fort: „Es gibt keinen Zweifel daran, dass aus eurem Land ein Prophet kommen wird. Sein Name ist Ahmed. Wer von euch dazu auserkoren ist, seine Frau zu werden, sollte ohne zu zögern Ja sagen."[15] Die meisten der Frauen hielten den Mann für einen Verrückten. Einige forderten ihn auf, nicht so einen Unsinn zu erzählen, und nahmen dann nicht weiter Notiz von ihm. Andere warfen mit Steinen nach ihm und nannten ihn einen Irren.[16] Diejenige aber, an die diese Worte gerichtet waren, nahm sie sehr ernst. Mit jedem neuen Tag fügten sich die fehlenden Teile des Puzzles zusammen, und mit jedem Tag sah Khadidsche ein wenig klarer. Was ihr schließlich bewusst wurde, war, dass das Schicksal ihr einen Weg ebnete. Und fest auf den Segen Gottes vertrauend, entschloss sie sich, diesen Weg Schritt um Schritt zu beschreiten.

Alles deutete darauf hin, dass der Prophet nun in Kürze erscheinen würde. Die Zeit nahte, da sich ihre Wege kreuzen würden. Der Prophet drückte es später einmal so aus: Die Menschen ähneln Edelsteinen. Sind sie wertvoll, so wird man ihren Wert früher oder später entdecken und ihnen den Platz zuweisen, der ihnen gebührt.

Seelen, die zueinander passen, ziehen einander an und begegnen sich irgendwann, einfach weil sie viele Gemeinsamkeiten besitzen.[17]

Im Grunde genommen hätte sich Khadidsche in dieser Hinsicht gar keine Gedanken zu machen brauchen. Denn jene Zeit war derart geprägt durch Unmoral, dass nur noch eine Handvoll rechtschaffener und anständiger Menschen übrig war. Sie hatte es also nicht schwer, den Richtigen zu finden. Nur ein Mann entsprach sämtlichen Beschreibungen, von denen sie gehört hatte. Und eben dieser Mann erfüllte auch alle Erwartungen, die an den lange erwarteten Propheten gestellt wurden. Man ging nämlich davon aus, dass seine wichtigste Eigenschaft die Vertrauenswürdigkeit sein würde; und kein anderer verkörperte diese so perfekt wie Muhammed, der Vertrauenswürdige, der Sohn des ʿAbdullah.

EIN WEITERER SCHRITT

Khadidsche war eine sehr wohlhabende, ehrenwerte und vornehme Frau. Während der Sommer- und Wintermonate leitete sie Karawanen nach Damaskus und in den Jemen, wo sie mit Menschen, denen sie vertraute, Handel trieb. Das war alles andere als einfach, und es gehörte auch eine gehörige Portion Mut dazu. Denn im Zeitalter der Unwissenheit wurde Frauen normalerweise keinerlei Respekt entgegengebracht, und man pflegte geringschätzig auf sie herabzuschauen. Aber letztlich waren es gerade Khadidsche Handelsaktivitäten, die sie zu dem Propheten führten, dessen Bild sich ja bereits in ihrer Vorstellung abzuzeichnen begann.

Als sie nämlich wieder einmal eine Handelskarawane nach Damaskus zu entsenden plante, suchte sie händeringend nach einem vertrauenswürdigen Mann, der sich dort vor Ort in ihrem Auftrag und an ihrer Stelle um ihre Angelegenheiten kümmern sollte. Also beauftragte sie ihre Bediensteten, nach geeigneten Kandidaten Ausschau zu halten, unter denen sie selbst dann einen auswählen würde.

Als Ebu Talib von dieser „Ausschreibung" hörte, ging er zu seinem Neffen und berichtete ihm von der einmaligen Gelegenheit: „O du Sohn meines Bruders, wir sind keine reichen Leute.

Du hast es ja selbst gesehen, die Zeit hat gegen uns gearbeitet, und die letzten Jahre waren nicht gerade erfolgreich. Wir besitzen weder Grundeigentum noch einen Handel. Aber ich habe erfahren, dass eine Karawane nach Damaskus ausgerüstet werden soll, und Khadidsche nach Männern sucht, die ihre Unternehmungen leiten. Zwar sähe ich es nicht gerade gern, wenn du nach Damaskus reisen würdest, schließlich könnte dir dort etwas zustoßen, doch ich habe keine Wahl. Wenn du sie aufsuchst, bin ich mir sicher, dass sie dich aufgrund deines guten und makellosen Charakters in ihren Dienst nehmen wird." Muhammed, der Vertrauenswürdige, war einverstanden, und so brachte Ebu Talib die Dinge ins Rollen. Da er ganz sicher gehen wollte, überlegte er sich, ʿĀtike bint ʿAbd el-Muṭṭalib, die Tante des Propheten Muhammed, als Vermittlerin einzuschalten. Sie war mit Khadidsches Bruder (dem Vater von Zubeyr ibn el-Awwam) verheiratet und sollte bei Khadidsche für Muhammed werben.

Anschließend wandte sich Ebu Talib persönlich an Khadidsche. Er wollte ihr versichern, dass Muhammed der vertrauenswürdigste Mensch in Mekka war, und deshalb einen höheren Lohn verdiene. Ebu Talib wusste genau, wie viel Geld

Khadidsche gewöhnlich für diese Art Arbeit zahlte, und er war fest entschlossen, für Muhammed das Doppelte zu verlangen. Nachdem man die üblichen Begrüßungsformeln ausgetauscht hatte, kam er auf die Angelegenheit zu sprechen und lobte die Tugenden seines Neffen überschwänglich. Khadidsche wiederum zeigte sich hocherfreut. Sie ahnte, dass ihr hier genau derjenige präsentiert wurde, nach dem sie so lange gesucht hatte. Sie konnte ihr Glück kaum fassen und war sich in diesem Moment absolut sicher, dass ihr hier etwas angeboten wurde, was sie nicht ablehnen konnte. Der Augenblick, auf den sie ihr ganzes Leben lang gewartet hatte, war gekommen. Selbst wenn Ebu Talib für die Dienste Muhammeds all ihre Reichtümer verlangt hätte, hätte sie sie ihm wohl ohne Zögern gegeben. Doch Ebu Talib war vergleichsweise bescheiden: „O Khadidsche, ich habe gehört, dass du für diese Arbeit normalerweise zwei Kamele Lohn zahlst. Mein Neffe aber ist Muhammed, der Vertrauenswürdige, und deshalb möchte ich, dass du ihm das Doppelte gibst." Sollte sie etwa mit ihm handeln, wo sie sich doch so glücklich schätzen durfte? Sollte sie um Kamele feilschen, wo sich ihr doch gerade eine Tür zur vollendeten Glückseligkeit in dieser wie auch in der kommenden Welt öffnete? Natürlich nicht, also antwortete sie ihm: „O Ebu Talib, du bittest mich um einen Lohn, den ich selbstverständlich leicht aufbringen kann. Ich schwöre dir, ich hätte dir noch viel mehr gegeben, wenn du es nur gefordert hättest.“[18]

Anschließend befahl Khadidsche ihrem meistgeschätzten Diener, Meysera, Muhammed auf der Reise nach Damaskus zu begleiten. Wiederholt schärfte sie ihm ein, ihr später über jedes Detail ihrer gemeinsamen Reise zu berichten. Denn sie wusste, dass sie die günstige Gelegenheit, Muhammed so nahe sein zu können, ergreifen musste.

DIE REISE NACH DAMASKUS

Endlich war es so weit, die Karawane brach auf. Da sie volle drei Monate unterwegs war, lernten sich die Reisenden im Laufe der Zeit immer besser kennen. Und natürlich blieb niemandem unter ihnen verborgen, dass Muhammed, der Vertrauenswürdige, seinem Beinamen tatsächlich alle Ehre machte.

Nach einer beschwerlichen Reise erreichte man schließlich Damaskus. Dort angekommen eilten die Reisenden sofort in den Basar der Stadt, um ihre mitgeführte Ware an die lokalen Händler zu verkaufen und neue Ware einzukaufen, die man dann zurück nach Mekka bringen würde. Meysera heftete sich an die Fersen von Muhammed und wurde Zeuge, wie sich dieser ein hitziges Wortgefecht mit einem unbekannten Händler lieferte. Offenbar ging es um ein Geschäft, bei dem der Mann von Muhammed verlangte, einen Eid auf Lāt und ʿUzzā, die bedeutendsten Götzen der damaligen Zeit zu leisten. Sein Leben lang hatte Muhammed es abgelehnt, diese grauenhaften Götzen anzuerkennen, und so weigerte er sich auch in diesem Fall. Er stellte klar, dass er nie und nimmer einen Eid auf die Namen dieser Götzen leisten würde. Nichts erschiene ihm abstoßender als sie. Der Mann zeigte sich von der Entschlossenheit Muhammeds überrascht, nahm von seiner Forderung Abstand und willigte in das Geschäft ein.[19]

Meysera hatte sich die ganze Zeit über im Hintergrund gehalten und nicht in die Auseinandersetzung eingegriffen. Schließlich bestand sein Auftrag ja darin, Khadidsche bei ihrer Rückkehr über jeden Schritt Muhammeds zu unterrichten. Nachdem man aber das Geschäft besiegelt hatte und Muhammed weitergegangen war, entdeckte der Mann Meysera und fragte ihn, ob er diesen Muhammed kenne. Doch noch bevor Meysera ihm antworten konnte, riet ihm der Mann: „Weiche ihm nicht von der Seite; ohne Zweifel ist er der Prophet."[20]

Nach einer Weile waren auch alle übrigen Geschäfte getätigt, und die Karawane machte sich auf den Rückweg nach Mekka. Doch genau wie der Hinweg erwies sich auch dieser als sehr beschwerlich. Dann und wann musste man anhalten und eine Rast einlegen. Bei diesen Gelegenheiten pflegten die Reisenden sich jeder in eine Ecke zurückzuziehen, Einnahmen und Ausgaben zu überschlagen und sich zu entspannen. Als Muhammed sich einmal unter einem Baum in den Schatten gelegt hatte, bemerkte Meysera jemanden, der aus der Ferne herbeieilte. Wie sich herausstellte, handelte es sich um den berühmten

Mönch Nestor,[21] der die Karawane anscheinend beobachtet hatte. Völlig außer Atem wandte er sich an Meysera und fragte ihn, wer denn der Mann dort unter dem Baum sei. „Das ist Muhammed, der Sohn des Abdullah, ein Jugendlicher aus der Familie der Haschim“, entgegnete Meysera. Der Mann aber schüttelte, sichtlich unzufrieden mit dieser Antwort, den Kopf. Fast schien es, als wäre seine Frage sowieso nur rhetorischer Art gewesen. Seine ganze Haltung signalisierte Meysera: „Du hast ja keine Ahnung.“ Bedeutungsvoll fügte er hinzu: „Ich schwöre dir, dass niemand anderer als ein Prophet dort unter dem Baum sitzt.“[22] Dann stellte er Meysera einige Fragen zur Person Muhammeds und war sich nach kurzer Zeit endgültig sicher: „Zweifellos ist er der erwartete Prophet. Und er ist der Letzte der Propheten.“[23] Doch noch immer gab sich der Mönch nicht zufrieden. Jahrelang hatte er nach diesem Propheten gesucht, nun wollte er alles über ihn wissen. Meysera berichtete ihm von ihrer Reise und erzählte ihm auch, was sich auf dem Basar in Damaskus zugetragen hatte. Als der Mönch erfuhr, dass Muhammed es abgelehnt hatte, einen Eid auf die Götzen zu leisten, kannte seine Freude keine Grenzen mehr. Und so trug er Meysera auf: „Ich schwöre, dass er der erwartete Prophet ist. Habe ein wachsames Auge auf ihn!“[24] Dann ging er schnellen Schrittes zu Muhammed, küsste ihn auf die Stirn, verbeugte sich tief vor ihm und sagte: „Ich bezeuge, dass du der von der Thora angekündigte Prophet bist.“[25]

Im weiteren Verlauf der Reise litten die Reisenden unter den sehr hohen Temperaturen. Meysera aber bemerkte, dass zwei Engel in der Gestalt von Wolken dem zukünftigen Propheten Schatten spendeten und ihn auf diese Weise schützten. Die beiden Wolken folgten dem Propheten. Sie bewegten sich, wenn er sich bewegte, und sie standen regungslos am Himmel, wenn er sich irgendwo niederließ. Muhammed aber ließ sich von all dem nicht beirren, ganz als wäre es nicht weiter erwähnenswert oder außergewöhnlich. Natürlich hatte Meysera aufgrund seines Auftrags diese Expedition anders wahrgenommen als die übrigen Reisenden. Ihm war bestimmt nichts entgangen, und er hatte sich vergewissern dürfen, dass Muhammeds ganzes Auftreten in jeder Hinsicht tadellos war. Für die Ware, die man nach Damaskus überführt hatte, hatte man einen sehr guten Preis erzielt, und was man nun mit zurück nach Mekka brachte, konnte sogar zum doppelten Preis verkauft werden. Offenbar hatte Khadidsche den richtigen Mann gefunden.

Schon in der Vergangenheit hatten fähige Leute für sie gearbeitet, doch der Vertrauenswürdige war ein ganz besonderer Mensch. Davon war Meysera nun felsenfest überzeugt.

Khadidsche wartete bereits sehnsüchtig auf die Rückkehr der Karawane. Doch interessierte es sie nicht besonders, ob die Reise ein finanzieller Erfolg gewesen war. Ihre ganze Aufmerksamkeit galt vielmehr Meyseras Bericht. Sie zitierte ihn unverzüglich zu sich, und er schilderte ihr zunächst, was der Mönch zu ihm gesagt hatte. Dann erzählte er ihr von den beiden Wolken, die dem Propheten auf Schritt und Tritt gefolgt waren, und von Muhammeds Weigerung, einen Eid auf die zwei Götzen zu leisten. Er beschrieb ihr genau, was der zukünftige Prophet wann und wo getan hatte und ließ dabei kein noch so kleines Detail aus. Ausdrücklich lobte er auch seine Standhaftigkeit und sein Selbstvertrauen.

Nichts anderes hatte sich Khadidsche erhofft. Die ganze Zeit über hatte sie sich bemüht, die in ihrer Seele aufsteigenden hohen Erwartungen zu zügeln. Aber in ihrem tiefsten Innern hatte sie nie irgendeinen Zweifel gehegt – schließlich hatten sämtliche Vorzeichen eine deutliche Sprache gesprochen. Freudig erregt suchte sie erneut ihren spirituellen Mentor auf, um Meyseras Erkenntnisse mit ihm zu teilen. Und auch Waraqa war sich nun sicherer denn je: „Wenn das, was du sagst, stimmt, kann es keinen Zweifel mehr daran geben, dass Muhammed der Prophet dieses Volkes ist. Auch ich habe gewusst, dass dieses Volk auf einen Propheten gewartet hat. Und seine Zeit ist nun gekommen.“[26] Waraqa hatte das Erscheinen dieses Propheten herbeigesehnt. Wie oft hatte er sich gefragt, wann es wohl so weit sein würde. Und wie viele Gedichte hatte er verfasst, in denen er seiner Enttäuschung über die Verzögerung dieses Ereignisses Ausdruck verliehen hatte. Jetzt aber verdichtete sich das, was er gerade zu hören bekommen hatte, und auch alles, was er in der letzten Zeit in Mekka beobachtet hatte, in einer einzigen Person – in Muhammed, dem Vertrauenswürdigen.

Khadidsche wusste nun, dass der lang erwartete Prophet ganz in ihrer Nähe war. Zwar hatte sie sich nie vorstellen können, ein weiteres Mal zu heiraten. Aber wie sonst hätte sie ihm noch näherkommen sollen?

DIE HOCHZEIT

KHADIDSCHE WAR ZWEIMAL VERHEIRATET gewesen. Nach dem Tod ihres zweiten Mannes hatte sie alle weiteren Anträge zurückgewiesen. Sie war eine Frau, die sehr gut auf eigenen Füßen stehen konnte und keineswegs auf die Hilfe eines Mannes angewiesen war. Heute würde man jemandem wie sie als international tätige Geschäftsfrau bezeichnen. Denn gleich in mehreren Ländern arbeiteten Menschen für sie, so z. B. im Römischen und im Persischen Reich, in Ghassasina,[27] Hira und in Damaskus und Umgebung. Khadidsche war eine wohlhabende, intelligente, attraktive, reife und allseits geschätzte Frau. Und es gab wohl keinen Mann, der sie nicht gern geheiratet hätte. Doch niemandem sollte dieses Glück beschert sein. Gott allein weiß, wie viele Männer ihr einen Heiratsantrag stellten. Sie aber hatte entschieden, nie wieder zu heiraten.

Zu den von Khadidsche Abgewiesenen gehörte auch ʿAmr ibn Ḥischām, der später als Ebu Dschehl – Vater der Torheit/Unwissenheit – traurige Berühmtheit erlangen sollte. Und man sagt, dass ein wesentlicher Grund für seinen Hass auf den Propheten dessen Eheschließung mit Khadidsche gewesen sei. Als diese vollzogen wurde, soll Ebu Dschehl gesagt haben: „Hätte sie nicht jemand anderen finden können als diesen Adoptivsohn des Ebu Talib, die Waise der Quraysch?“ Aber diesmal lagen die Dinge anders. Lange Zeit hatte Khadidsche wahrscheinlich gar keinen Gedanken mehr daran verschwendet, erneut zu heiraten. Vielleicht aber hatte sie all diese Anträge auch nur deshalb zurückgewiesen, weil sie die Hoffnung auf eine Ehe wie die, die sie nun anstrebte, nie aufgegeben hatte. Jedenfalls änderte sie nun ihre Meinung. Das Problem war nur, dass sie nicht wusste, wie sie die Ehe mit Muhammed anbahnen sollte.

Nefise, einer engen Freundin, fiel auf, dass mit Khadidsche etwas nicht stimmte, und so fragte sie sie nach dem Grund dafür: „Khadidsche, was ist los mit dir? Ich kenne dich nun schon so lange, aber noch nie habe ich dich so nachdenklich und abwesend gesehen.“ Zuerst zögerte Khadidsche, Nefise ins Vertrauen zu ziehen. Doch schon bald wurde ihr klar, dass es an der Zeit war, den ersten Schritt zu unternehmen. Also erzählte sie ihrer Freundin, was sie so beschäftigte: „O Nefise, ich bin mir sicher, nie einen erhabeneren Menschen gesehen zu haben als Muhammed, den Sohn des Abdullah. Er ist ehrenhaft, vertrauenswürdig, aufrichtig und in jeder Hinsicht makellos. Einen besseren Menschen zu treffen, kann man sich nicht wünschen. Und hinzu kommt noch, dass man sich positive und ganz außerordentliche Dinge über ihn erzählt. All das ist höchst verwunderlich. Als mir mein Diener Meysera von den Worten des Mönchs und von den beiden Wolken berichtete, die ihnen auf der Rückreise von Damaskus folgten, schien es mir fast, als würde mein Herz aussetzen. Ich glaube, dass er niemand anderer als der erwartete Prophet ist." Nefise aber verstand nicht recht, was Khadidsche ihr damit sagen wollte: „Das mag ja sein, aber warum bist du deshalb morgens wie abends so tief in Gedanken versunken?" Also entschloss sich Khadidsche, offen mit ihr zu sein: „Ich wünsche mir, dass sich unserer beider Wege in der Ehe kreuzen, aber ich weiß nicht, was ich tun soll." Nun verstand Nefise und bot ihr an: „Wenn du nichts dagegen hast, werde ich einige Erkundigungen für dich anstellen." Damit stieß sie bei Khadidsche auf offene Ohren: „Ja, und es wäre schön, Nefise, wenn du keine Zeit verlieren würdest."

Kurz darauf besuchte Nefise Muhammed in seinem Haus. Sie begrüßte ihn und fragte ihn dann unumwunden: „Muhammed, was hält dich eigentlich davon ab zu heiraten? Warum suchst du dir nicht eine Frau?" Diese Fragen trafen ihn gänzlich unvorbereitet, und so antwortete er:

Mir fehlen die Mittel zu heiraten. Was er meinte, waren die finanziellen Mittel. Wer damals heiraten und alle mit der Ehe verbundenen Pflichten übernehmen wollte, musste dafür garantieren, eine Familie ernähren zu können. Nefise aber sagte ihm, dass dies keine Rolle spiele. Geld oder auch Grundbesitz seien Dinge, die sich schnell verflüchtigen könnten. Ehre, Integrität, Treue und ein starker Charakter hingegen, so versicherte sie ihm, seien weit beständiger. Damit aber hatte sie die Tür einen Spalt breit geöffnet, und schnell fügte sie hinzu: „Stell dir einmal vor, die finanziellen Mittel würden kein Problem darstellen, und es gäbe da jemanden, der dir in punkto Rechtschaffenheit, Persönlichkeit und Ehrenhaftigkeit ebenbürtig wäre. Würdest du Ja sagen?" Da erkannte Muhammed, dass ihm hier eine potenzielle Kandidatin präsentiert wurde, also er fragte er: *Wer ist diese Person?*

„Khadidsche", antwortete Nefise. Und selbstverständlich kannte er sie. Er selbst hatte ihre Karawane nach Damaskus geführt und sie ihr erst vor wenigen Tagen zu ihrer vollen Zufriedenheit wieder übergeben. Doch Handel und Eheschließung sind zwei völlig unterschiedliche Dinge. Deshalb hakte er nach: *Wie ließe sich das realisieren?*

Nefise aber ging es nicht um die Details der Eheschließung. Sie wollte einzig und allein sein Einverständnis. Und mit dieser Frage hatte Muhammed ihr zu verstehen gegeben, dass er der Heirat möglicherweise zustimmen würde. Sie las aus seinen Worten die Bedeutung:

„Von meiner Seite aus spricht nichts dagegen.“ Nefise wusste, dass sie den entscheidenden Durchbruch erzielt hatte, und sagte zu ihm: „Überlass das nur mir. Ich werde das schon regeln.“ Sein Schweigen signalisierte ihr, dass er einverstanden war. Nefise verabschiedete sich und kehrte unverzüglich zu Khadidsche zurück, um ihr die gute Nachricht zu überbringen.

Wie man sich sicherlich vorstellen kann, war es damals nicht üblich, dass eine Frau einem Mann einen Heiratsantrag machte. Normalerweise wäre es in so einem Fall Sache der Stammesführer gewesen, die Kandidaten zusammenzubringen. Khadidsche seufzte also vor Erleichterung, als Nefise ihr von ihrer erfolgreichen Vermittlung berichtete. Als nächsten Schritt schrieb Khadidsche Muhammed einen Brief mit folgendem Inhalt: „O Muhammed, zweifellos bitte ich dich um unserer gemeinsamen Abstammung, um deines einzigartigen Ranges in unserem Stamm, um deiner Rechtschaffenheit und Loyalität und auch um deiner Vertrauenswürdigkeit und Ehrenhaftigkeit willen darum, mein Ehemann zu werden. Lass deinem Onkel ausrichten, er möge diese Angelegenheit zum Abschluss bringen."

Mit diesen Worten hatte sie ihre Anerkennung angemessen zum Ausdruck gebracht. Trotzdem wollte Muhammed keine endgültige Entscheidung fallen, bevor er sich nicht mit den Stammesältesten beraten hatte. Also ging er zu seinem Onkel Ebu Talib und erzählte ihm von Khadidsches Antrag. Dieser liebte seinen Neffen von ganzem Herzen. Aber auch von Khadidsche hatte er eine hohe Meinung. Sie strahlte mit ihrem ganzen Wesen Würde und Anstand aus, war von vornehmer Abstammung und besaß ein großes Ehrgefühl. Abgesehen davon war es Ebu Talib nicht verborgen geblieben, dass sein Neffe Khadidsche gern heiraten wollte. Also gab es für ihn keinen Grund, der Verbindung nicht seinen Segen zu geben.

Schon kurze Zeit später statteten Abdulmuttalibs Söhne Ebu Talib, Abbas und Hamza Khadidsche Familie einen Besuch ab, um für Muhammed offiziell um Khadidsches Hand anzuhalten. Obwohl alle Beteiligten bereits eingewilligt hatten, galt es, die unter den Familien traditionell üblichen Formalitäten und Zeremonien zu beachten. Außerdem musste die Eheschließung öffentlich bekannt gegeben werden. Also ergriff Ebu Talib das Wort:

„Aller Lobpreis gebührt Gott, der uns zu Nachfahren Abrahams und Ismaels gemacht hat. Es besteht kein Zweifel daran, dass Er es ist, der uns erlaubt, unseren Mitmenschen zu Diensten zu sein. Er hat uns das Privileg gewährt, Hüter der Heiligen Stätte zu werden, und uns zu Führern dieser Gemeinschaft gemacht." Mit Stil und Tonart seiner Einleitung unterstrich er nicht nur die Bedeutung dieser Zeremonie, sondern auch seine Dankbarkeit gegenüber Gott. Dann fuhr er fort: „Muhammed, der Sohn meines Bruders Abdullah, ist ein einzigartiger Mensch. Zwar verfügt er weder über finanzielle Mittel noch über Grundbesitz, doch übertrifft er jeden anderen an Ehrenhaftigkeit, Würde, Mut, Entschlossenheit, Intelligenz und Tugend. Jeder Reichtum ist nicht mehr als ein flüchtiger Schatten. Er wird uns eine Zeitlang anvertraut, doch ist er vergänglich und unbeständig. Was Muhammed aber dem Vernehmen nach in der Zukunft gewährt werden wird, wird ihm die Bewunderung und Verehrung von immer mehr Menschen eintragen. Als Morgengabe wird er 500 Dirham zahlen, wovon er die Hälfte vorab, die andere Hälfte zu einem späteren Zeitpunkt begleichen wird."[28]

Auch von Khadidsches Seite wurden einige Worte gesprochen. Nach Ebu Talib erhob sich ihr Onkel ʿAmr ibn Esed[29] und hob Khadidsches Tugenden hervor. Auch Khadidsche hatte zum Zeitpunkt dieser Eheschließung keinen Vater mehr. Er war in den Fidschār-Kriegen[30] ums Leben gekommen, weshalb sie genau wie der Prophet als Waise aufgewachsen war. Amr ibn Esed sagte, an die Adresse der Familie Muhammeds gerichtet: „Aller Lobpreis gebührt Gott, der uns zu den Menschen gemacht hat, als die du uns beschrieben hast, und uns all denen, die du genannt hast, vorgezogen hat. Denn ohne jeden Zweifel sind wir die Oberhäupter der Araber, und ihr seid es auch. Kein Araber würde eure Rechtschaffenheit in Abrede stellen. Mit euch als meinen Zeugen, ihr Menschen vom Stamme der Quraysch, und in unserer aller ehrenwürdigem Namen gebe ich Khadidsche, Tochter des Khuweylid, Muhammed, dem Sohn des Abdullah, zur Frau und akzeptiere die genannte Summe als Morgengabe." Doch Ebu Talib fühlte sich verpflichtet, auch die übrigen anwesenden Verwandten dazu aufzufordern, ihrer Zustimmung hörbar Ausdruck zu verleihen. Deshalb drängte er: „Ich möchte, dass auch die anderen Onkel einwilligen." Und so bekräftigte ein weiterer von ihnen: „Ihr Quraysch, seid Zeuge, dass wir Muhammed, den Sohn des Abdullah, Khadidsche, der Tochter des Khuweylid, zur Frau geben."[31]

Nun war es an der Zeit zu feiern. Ein Schaf und ein Kamel wurden geschlachtet, und die Hochzeitsfeierlichkeiten konnten beginnen. In diesem Moment war Khadidsche die glücklichste Frau auf Erden. So sehr sie sich auch zu beherrschen bemühte, konnte sie ihre Freude doch kaum bändigen. Ihre ganze Familie und all ihre Freunde waren zugegen, und ihr Haus schäumte schier über vor Begeisterung. Natürlich wurde das Tamburin geschlagen, und die Frauen tanzten untereinander.

Ebu Talib strahlte ebenfalls vor Glück. Lange Zeit hatte er unter den schwierigen wirtschaftlichen Bedingungen gelitten, doch nun dankte er Gott überschwänglich dafür, seinem Neffen diese einmalige Chance geboten zu haben. Und auch viele andere Mekkaner freuten sich über diese Hochzeit. Sie brachten ihre Gefühle in Gedichten zum Ausdruck und betonten dabei vor allem, wie gut Muhammed und Khadidsche zueinander passten.

Im Vorfeld der Hochzeit war es Khadidsche

gelungen, Muhammeds Amme Ḥalīme es-Sa'diyye ausfindig zu machen. Und sie hatte darauf bestanden, Halime zur Hochzeit einzuladen, weil sie sich gemeinsam mit ihr über das Glück ihres Zöglings freuen wollte. Bei aller Euphorie und Hochstimmung vergaß Khadidsche weder ihre Großzügigkeit noch ihr Pflichtgefühl. Als sich Halime am nächsten Morgen verabschiedete, schenkte ihr Khadidsche 40 Schafe, um ihr so für die Milch, mit der sie Muhammed, den Sohn des Abdullah, einst gestillt hatte, zu danken.

An jenem Tag war Muhammed 25 Jahre alt. Und 25 weitere Jahre lang sollten beide eine harmonische Ehe führen und gemeinsam allen Schwierigkeiten trotzen.

Nach der Hochzeit waren Muhammed und Khadidsche für einige Tage zu Gast im Haus von Ebu Talib, bevor sie ihr eigenes Haus bezogen, das sie von Hakim ibn Hizam kauften. Dort wohnten sie 15 Jahre lang, bis Muhammed die ersten Offenbarungen zuteilwurden. Im Gegensatz zu anderen wohlhabenden Leuten überließ Khadidsche die Hausarbeit nicht Dienern oder Angestellten. Sie zog es vor, sich persönlich um die Bedürfnisse des Propheten zu kümmern, und sie ging ganz darin auf. Sein Wohlergehen lag ihr so sehr am Herzen, dass sie alles in ihrer Macht Stehende tat, um ihm jedes Missbehagen zu ersparen.

KHADIDSCHES HAUSHALT

KHADIDSCHE UND MUHAMMED WAREN nicht die einzigen Bewohner ihres neuen Hauses. Zwar lebten beider Eltern nicht mehr und durften so leider nicht mehr Zeugen ihres gemeinsamen Glücks werden. Doch sah sich das Ehepaar dazu verpflichtet, sein Haus für Einsame und Bedürftige zu öffnen. Das gebot ihnen ihre Menschlichkeit und ihr Pflichtgefühl. Und so teilten sie ihr Heim in aller Großzügigkeit mit Menschen, die ihnen nahestanden. Ständige Mitglieder ihres Haushalts waren:

ALI IBN EBI TALIB: In den nach der Eheschließung anbrechenden schwierigen Zeiten der Armut ließ es sich Muhammed nicht nehmen, Ebu Talib zu unterstützen. Deshalb bat er seinen Onkel Abbas, sich um einen der Söhne Ebu Talibs zu kümmern. Er selbst nahm Ali, einen anderen Sohn, zu sich. Damit bedankte er sich für all das, was Ebu Talib in den Jahren zuvor für ihn getan hatte. Khadidsche sorgte für Ali wie eine Mutter. So wurde Ali von den beiden erhabensten Menschen großgezogen und ausgebildet. Khadidsches Herzenswärme und Güte hinterließen bei ihm bleibenden Eindruck.

ZEYD IBN HARITHE: Dieser Jugendliche war in eine freie Familie hineingeboren worden. Doch als diese eines Tages die Verwandten der Mutter besuchen wollte, wurde Zeyd verschleppt und auf dem Sklavenmarkt verkauft. Dort hatte ihn Khadidsches Neffe Hakim ibn Hizam erstanden und zu Khadidsche gebracht. Fortan war er ihr persönlicher Diener, bis sie ihm nach der Hochzeit die Aufgabe übertrug, Muhammed zu dienen. Als dieser ihm dann die Freiheit schenkte, weigerte sich Zeyd, die beiden zu verlassen. So lebte er auch weiterhin bei ihnen, ganz als wäre er ihr eigener Sohn. Als Jahre später Zeyds Vater und Onkel nach Mekka kamen, um ihn zurückzuholen, zog er es vor, an der Seite des Propheten zu bleiben.

UMM EYMEN: Umm Eymen, das ehemalige Kindermädchen des Propheten, wurde von Muhammed „meine zweite Mutter" genannt.

HIND: Der bereits erwähnte Hind war Khadidsches Sohn aus erster Ehe mit Ebu Hala. Er wurde vom Propheten mit großgezogen.

ZUBEYR IBN EL-AWWAM: Nach dem Tod seines Vaters Awwam wurde Zubeyr die besondere Ehre zuteil, in diesem gesegneten Haus aufzuwachsen. Wahrscheinlich verdankte er es seiner gewissenhaften Ausbildung durch den Propheten, dass er einmal zu den ersten Menschen gehören sollte, die sich zum Islam bekannten.

EIN IN JEDER HINSICHT HARMONISCHES HEIM

In einem Haushalt wie diesem mussten einfach Harmonie und Gelassenheit herrschen. Muhammed war ein sprudelnder Quell des Friedens. Schließlich sollte sein Dasein auf Erden dem Ziel dienen, selbst all jenen Frieden zu schenken, die nicht einmal in ihren Träumen Frieden finden konnten. Und auch Khadidsches einfühlsame Fürsorglichkeit nährte diesen Frieden. Niemals kritisierte sie das, was er tat, und stets war sie darum bemüht, ihm jeden Wunsch zu erfüllen. Wenn Muhammed einmal enttäuscht oder verärgert war, fand er bei Khadidsche Zuspruch und Trost. Die Harmonie zwischen den beiden Ehepartnern wurde getragen von beneidenswerter Nähe, vorbehaltloser Hingabe und einem unerschütterlichen Gefühl von Sicherheit. Diese Sicherheit, die sie einander schenkten, wirkte auf andere Menschen anziehend. Sie trug ihnen Bewunderung ein, denn sie war etwas absolut Einmaliges. Eines Tages schickte Ebu Talib seinen Diener Na'be zu Khadidsche und Muhammed. Er sollte in Erfahrung bringen, ob es Muhammed in seinem neuen Heim gut ging. Na'be berichtete ihm Folgendes: „Es war sehr interessant. Als Khadidsche bemerkte, dass Muhammed zurück war, ging sie zur Tür, begrüßte ihn, nahm seine Hand und sagte: ‚Ich würde meine Eltern für dich dahingeben. Und ich weiß, dass ich das für niemanden tun würde, außer für dich. Ich weiß, dass du der erwartete Prophet bist. In den Tagen, die da kommen mögen, vergiss bitte weder mich noch meinen Platz in deinem Herzen. Bitte bete für mich zu Gott, der dich gesandt hat.‘ Als Muhammed diese ergreifenden Worte aus dem Mund seiner Frau, seines immerwährenden Rückhalts, vernommen hatte, entgegnete er: *Möge Gott mein Zeuge sein! Wenn ich wirklich diese Person bin, dann werde ich dich nie vergessen, denn du hast so viele Opfer für mich gebracht.*“[32]

Und mit Sicherheit hat er sie sein Leben lang nicht vergessen.

DIE FRÜCHTE DER GESEGNETEN EHE

Schon nach kurzer Zeit begann die neu gegründete Familie Früchte hervorzubringen. Als erstes Kind wurde Qāsim geboren. Leider war es ihm nicht vergönnt, lange auf dieser Welt zu bleiben. Er hatte gerade krabbeln und laufen gelernt, da wurde er zurück in den Himmel gerufen. Die erste Tochter von Khadidsche und Muhammed war Zeyneb. Sie heiratete auf Empfehlung von Khadidsche Ebu'l-As ibn ar-Rabiʿ und gebar der Familie zwei Enkel – ʾUmāme und Ali. Dann wurden Ruqayye und ʾUmm Kulthūm geboren. Sie wurden von ihrem Vater mit Utba und Utayba vermählt, den Söhnen Ebu Lahabs. Diese Ehen überstanden die Frühphase des Islams jedoch nicht. Sie scheiterten am Hass und an der Feindseligkeit der Quraysch. Ruqayya heiratete später ʿUthmān ibn ʿAffān. Bei der dann folgenden ersten Emigration von Muslimen nach Abessinien waren Ruqayya und Uthman die erste Familie, die auswanderte. Muhammed belohnte sie dafür und erwies ihnen seinen Respekt, indem er die Menschen darauf aufmerksam machte, dass sie die ersten Auswanderer seit der Familie des Propheten Lot waren. Nach ihrer Rückkehr aus Abessinien emigrierten Uthman und Ruqayya gemeinsam nach Medina. Dort erkrankte Ruqayya kurz vor der Schlacht von Badr schwer und starb kurz darauf. Der Gesandte Gottes wies Uthman damals an, in Medina zu bleiben und sich um seine kranke Frau zu kümmern. Er versicherte ihm: *Dir wird die gleiche Belohnung zuteilwerden wie denen, die nach Badr gehen und dort kämpfen.*[33] Nach dem Tod Ruqayyas verheiratete Muhammed Uthman mit Umm Kulthum. Doch nur neun Jahre nach der Emigration nach Medina starb auch sie und vereinigte sich mit ihrer Schwester Ruqayya und ihrer Mutter Khadidsche.

Das Schicksal bewahrte Khadidsche davor, hilflos dem Sterben ihrer Töchter beiwohnen zu müssen. Denn schon deren Abwesenheit hatte ihr sehr hart zugesetzt. Weil der gesegnete Uthman nacheinander mit zwei Töchtern des Propheten verheiratet gewesen war, wurde ihm später der Beiname *Dhu an-Nurayn* – Mann der zwei Lichter – verliehen. Fatima, eine weitere Tochter von Khadidsche und Muhammed, kam fünf Jahre nach der ersten Offenbarung zur Welt. Schon in jungen Jahren wurde sie Zeugin der Feindseligkeiten, die den Muslimen in Mekka entgegenschlugen. Gott allein weiß, wie es ihr als Kind in den drei Jahren des gesellschaftlichen Boykotts ergangen sein mag. Damals wurden den Mekkanern alle sozialen und geschäftlichen Beziehungen zu der aufstrebenden muslimischen Gemeinschaft untersagt. Und selbst Besuche oder auch nur das Ansprechen von Muslimen waren streng verboten.

Fatima heiratete Ali, und aus dieser Ehe gingen Hasan und Husayn hervor, die die reine Abstammungslinie des Propheten fortführten. Zu einem späteren Zeitpunkt fragte Ali den Propheten um Erlaubnis, sich eine zweite Frau zu nehmen, was damals gang und gäbe war. Seine Wahl war auf die Tochter von Ebu Dschehl gefallen. Aber wie hätten die Tochter des Propheten und die Tochter des Anführers der Ungläubigen, eines erbitterten Feindes von Muhammed, mit ein und demselben Mann verheiratet sein können? Also sagte der Prophet: *Tatsächlich bitten mich die Söhne von Haschim darum, ihnen die Erlaubnis zu geben, ihre Tochter Ali, dem Sohn des Ebu Talib zur Frau zu geben. Das jedoch werde ich niemals zulassen.* Diese Worte wiederholte er dreimal. Dann sagte er: *Nur wenn Ebu Talibs Sohn sich von meiner Tochter scheiden lässt, kann er die Tochter von Ebu Dschehl heiraten. Meine Tochter ist ein Teil von mir, und alles, was sie glücklich macht, macht auch mich glücklich. Alles, was sie kränkt, kränkt auch mich.*[34] Diese Reaktion des Propheten brachte Ali nicht nur davon ab, Ebu Dschehls Tochter zu heiraten. Gleichzeitig entschied er sich auch, mit Fatima bis zu ihrem Tod verheiratet zu bleiben und keine andere Frau hinzuzunehmen. Erst nach ihrem Tod heiratete er Umama, die Tochter von Fatimas ältester Schwester Zeyneb. Fatima persönlich hatte ihm vor ihrem Tod zu diesem Schritt geraten, um sicherzustellen, dass ihre Kinder gut versorgt sein würden.

Nach der ersten Offenbarung wurde Abdullah geboren, den man auch *Tahir* oder *Tayyib* – der Reine oder der Makellose – nannte. Doch auch er trat noch als Kind den Weg in die andere Welt an.

DIE BOTSCHAFT GOTTES KÜNDIGT SICH AN

Kurz bevor Muhammed die erste Offenbarung des Wortes Gottes empfing, wurde ihr gemeinsames Haus von Träumen spirituellen Inhalts beehrt. Auch Khadidsche hatte solche Träume. Sechs Monate vor der ersten Offenbarung wurden diese Träume immer prophetischer. Wenn Muhammed von einem solchen Traum heimgesucht wurde, pflegte er ihn Khadidsche zu schildern. Diese interpretierte ihn dann im Lichte der Erwartungen, die in ihrer Seele Wurzeln geschlagen hatten und aufgeblüht waren. Einmal sah Muhammed im Traum, dass einer der Holzbalken des Daches entfernt worden war und sich an der Stelle nun ein Loch befand. Dann wurde von oben eine silberne Leiter in das Loch geschoben, über die zwei Männer in das Haus hinabstiegen. Muhammed wollte jemanden zu Hilfe rufen, aber es war niemand da. Die beiden Männer setzten sich und nahmen ihn in ihre Mitte. Einer von ihnen hielt ihn fest und brach zwei Rippenknochen aus seinem Körper. Dann streckte er seine Hand nach Muhammeds Herz aus, ergriff es und wog es in den Händen. All das kam Muhammed so real vor, dass er die Hände des Mannes auf seinem Herzen spüren konnte. Der Mann sagte zu seinem Begleiter: „Welch ein gutes Herz dieser rechtschaffene Mensch hat.“ Dann reinigte er es und setzte es an seinen Platz zurück. Auf die gleiche Weise verfuhr er mit den herausgebrochenen Rippenknochen. Anschließend verschwanden die beiden Männer auf dem gleichen Weg, wie sie gekommen waren. Sie nahmen die Leiter mit und reparierten sogar das Dach. Zuletzt befand sich alles wieder im gleichen Zustand wie zuvor.

Natürlich erzählte Muhammed Khadidsche auch von diesem Traum. Und sie stärkte ihm, wie erwartet, den Rücken: „Dir wurde frohe Kunde überbracht. Ohne jeden Zweifel will Gott nur dein Bestes. Auch dies wird sich als gut erweisen ... Frohe Kunde wurde dir zu teil“[35]

Darüber hinaus pflegten auch alle Lebewesen, jeder Baum und sogar jeder Fels den zukünftigen Propheten zu grüßen. Als ihn diese Erfahrung wieder einmal ängstigte, vertraute er sich in seiner Verwirrung Khadidsche an, die ihn besänftigte und ihm Mut zusprach: „Gott wird dich nicht im Stich lassen. Er würde nie zulassen, dass dir etwas zustößt. Denn du sagst immer die Wahrheit, du rechtfertigst das Vertrauen, das in dich gesetzt wird, und du sorgst für alle, die dir nahestehen.“[36]

DAS ERSCHEINEN DES ERZENGELS

Muhammads Haus war ein Haus des Friedens und der Harmonie. Seine Atmosphäre und Muhammeds und Khadidsches ganz und gar außergewöhnlichen Träume bereiteten den zukünftigen Propheten darauf vor, Gottes Offenbarungen zu empfangen. Auf der anderen Seite wurde die Dunkelheit der damals herrschenden Unwissenheit von Tag zu Tag undurchdringlicher. Die vier Ecken der Kaabe quollen nur so über von Götzenbildern. Die Menschen hatten ihren Herrn, den Schöpfer des Universums, vergessen und beteten stattdessen ihre falschen und trügerischen Götzen an. Diese Situation quälte den reinen Geist Muhammeds. Die Kaabe war der erste Ort zur Anbetung Gottes, der einst auf Erden errichtet worden war. Er sollte der Menschheit Frieden bringen. Nun aber war er zu einem Zentrum der Finsternis verkommen. Zwar wollte sich Muhammed nicht von der Kaabe trennen, doch verspürte er immer stärker das Bedürfnis, der bedrückenden Dunkelheit zu entkommen. Und so machte er es sich zur Angewohnheit, die Stadt hin und wieder zu verlassen und in einigen Stunden Fußmarsch auf den *Dschebel en-Nūr* – den Lichtberg – hinaufzusteigen. Fast schien es so, als würden beide, Mensch und Berg, sehnsüchtig darauf warten, dass das Licht der Wahrheit endlich vom Himmel auf sie herabkommt. Muhammed zog sich in die Höhle Ḥirā' auf der Spitze des Bergs zurück. Von dort aus konnte er die Kaabe sehen und sich in Gedanken bereits ausmalen, wie sie einst ihre ursprüngliche Reinheit zurückerlangen würde – wenn erst einmal der wahre Glaube wiederhergestellt war. Diese Hoffnung spendete ihm ein wenig Trost. Immer wieder suchte er an bestimmten Tagen und Monaten des Jahres diese Höhle auf, um mit seinem Herrn allein zu sein. Die innere Ruhe, die er dort in seiner tiefen Hingabe fand, war einzigartig. Diese Form von Frieden konnte ihm selbst sein Zuhause nicht bieten.

Jeder seiner Ausflüge bedeutete eine Trennung von Khadidsche. Und jedes Mal, wenn Muhammed fortging, machte sich Khadidsche große Sorgen, ihm könne etwas zustoßen. Aus diesem Grunde schickte sie oftmals Bedienstete hinter ihm her, die ihm sicheres Geleit geben sollten. Khadidsche pflegte Muhammed stets mit allem, was er in seiner Abwesenheit brauchen würde, auszurüsten. Es kam jedoch auch vor, dass Muhammed zwischenzeitlich kurz zu ihr zurückkehrte, um seine Vorräte noch einmal aufzustocken. Manchmal konnte Khadidsche seine lange Abwesenheit ab einem bestimmten

Punkt nicht länger ertragen. Dann machte sie sich selbst auf den Weg zu ihm und legte dabei nicht nur die vielen Kilometer bis zum Fuße des *Dschebel en-Nur* zurück, sondern kletterte auch die 860 Meter hinauf zur Höhle. Dort fand sie ihren Ehemann stets im Gebet versunken und überließ sich zusammen mit ihm der geheimnisvollen Atmosphäre der Höhle. Khadidsche betrachtete es als einen unschätzbaren Gunstbeweis Gottes, diese Augenblicke mit Muhammed teilen zu dürfen.

Bei anderen Gelegenheiten trafen sie sich dort, wo heute die *'Idschābe*-Moschee steht, verbrachten die Nacht gemeinsam und gingen am nächsten Tag wieder getrennter Wege – der Prophet erneut auf den Berg und Khadidsche zurück nach Hause.

Natürlich war es für Khadidsche nicht leicht, so lange von ihrem Ehemann getrennt zu sein. Aber sie wollte sich ihm nicht in den Weg stellen. Sie hielt zu ihm und sprach ihm im Namen der Tage, die da kommen würden, Mut zu. Als Muhammed wieder einmal in tiefer Hingabe im Gebet weilte, hörte er plötzlich eine Stimme: „O Muhammed! Ich bin Gabriel." Vielleicht gehörte ja auch das zu seiner Vorbereitung; doch Muhammed war schockiert, nahm Reißaus und suchte Zuflucht in der sicheren Atmosphäre seiner Frau. Er schilderte ihr, was vorgefallen war, und fügte in einem Tonfall, der ihr fast das Herz brach, hinzu: *Ich schwöre bei Gott, ich habe solche Angst, dass ungeheuerliche Dinge geschehen werden.* Khadidsche aber hatte sich gut unter Kontrolle und reagierte so, wie sie schon oft reagiert hatte. Sie bemühte sich, ihm seine Zweifel und seinen Schmerz zu nehmen: „Was redest du da? Wir werden bei Gott Zuflucht finden. Würde Er dich etwa im Stich lassen, wo du doch das Vertrauen rechtfertigst, das in dich gesetzt wird, wo du für alle sorgst, die dir nahestehen, und immer nur die Wahrheit sprichst?“[37]

Zurück auf dem Berg hörte er die Stimme erneut; diesmal bei Nacht, als ringsum absolute Stille herrschte. Sie rief ihm zu: „Friede sei mit dir!“ Und wieder ergriff er die Flucht. Als er in diesem Zustand zu Khadidsche kam, fragte sie ihn: „Was ist los? Ist dir etwas zugestoßen?“ Er erzählte ihr was passiert war, und kaum hatte er geendet, beruhigte sie ihn: „Frohe Kunde wurde dir zuteil, denn der Friedensgruß kann nur etwas Gutes bedeuten.“[38]

In all der Aufregung bewies sie Besonnenheit, Mut und Stärke. Denn wenn jemand auf diese Weise grüßte, dann konnte er nur Gutes im Sinn haben. Davon war sie überzeugt, und sie sollte Recht behalten.

DIE ERSTE OFFENBARUNG

Wie von Khadidsche vorausgesehen, fiel tatsächlich nur wenig später das Licht der Offenbarung auf den *Dschebel en-Nur.* Dieses Licht schuf ein Band zwischen Himmel und Erde, das nie wieder durchtrennt werden wird. Worauf so viele Zeichen hingedeutet hatten, wurde endlich Wirklichkeit: Der Erzengel Gabriel offenbarte Muhammed die ersten Botschaften Gottes. Der strahlende Glanz der Himmel erfasste nun auch die Erde. Muhammeds Auftrag als Prophet konnte beginnen. Und er spürte ganz deutlich, wie dieser Glanz ihn umfing und ihn mit dem Wort *Lies!* in die Arme schloss. Mit dieser ersten Offenbarung wurde ihm eine Verantwortung auf die Schultern gelegt, die vor Anbeginn der Zeit auch den Bergen und Felsen angetragen worden war. Diese aber hatten sie nicht auf sich nehmen wollen und sie als zu schwere Bürde zurückgewiesen.

So wurden dem Propheten die ersten Koranverse offenbart. Anschließend eilte er zurück nach Mekka. Doch unterwegs verbeugte sich ein jeder Baum und ein jeder Fels, an dem er vorüber kam, vor ihm und grüßte ihn mit den Worten: „Gottes Frieden sei mit dir, o Gesandter!“[39] Wieder einmal kehrte der Prophet aufgewühlt und angsterfüllt nach Hause zurück. Er bat seine

Frau, ihn in eine Decke zu hüllen und gestand ihr: *Ich fürchte mich vor mir selbst.* Auch wenn Khadidsche sofort erkannte, dass diesmal alles anders war als sonst, war sie zunächst einfach nur erleichtert. Denn Muhammed war sehr lange fort gewesen, und ihre Leute, die sie nach ihm geschickt hatte, waren ohne ihn zurückgekehrt. Sie hatte sich größere Sorgen gemacht denn je, doch nun konnte sie aufatmen. „Fürchte dich nicht! Gott wird nichts tun, was dir schaden könnte", beruhigte sie ihn, so wie sie es schon gewohnt war. Und als er ihr anschließend eröffnete, dass ihm das Wort Gottes offenbart worden war, bekräftigte sie ihre Überzeugung, dass dies kein Grund sei, sich zu fürchten. Gewiss werde alles gut werden. Erneut stellte Khadidsche damit unter Beweis, was für eine starke Frau sie doch war. Ihr Gottvertrauen war absolut unerschütterlich. Wie viele andere Menschen hätten eine solch schwierige Situation wohl mit einer ähnlichen Entschlossenheit und Stärke gemeistert?

Khadidsche war also die Erste, die hörte, was dem Propheten widerfahren war. Sie reagierte gelassen und ergab sich ganz dem Willen Gottes. Denn sie wusste genau, dass sich Muhammed, der Vertrauenswürdige, ganz auf seinen Schöpfer verlassen konnte. Khadidsche war sich sicher, dass Gott sich nie von ihm abwenden würde. Sie schenkte ihm den Rückhalt, den er bei ihr zu finden hoffte. Sie würde ihn in einer schweren Zeit wie dieser nicht sich selbst überlassen. Deshalb sagte sie: „Frohe Kunde wurde dir zuteil, o Muhammed! Verliere nicht den Mut, und sei standhaft! Bei dem, in Dessen Hand meine Seele liegt, du bist der Prophet dieses Volkes." Khadidsche hegte keinerlei Zweifel an Muhammeds Schilderung. Sie hatte sich auf diesen Moment vorbereitet. Und sie glaubte ebenso fest an diese Offenbarung, wie sie an ihren Mann glaubte. Sie wusste, dass sie ihn unterstützen musste. Also versicherte sie ihm noch einmal, dass sich ein rechtschaffener Mensch wie er nicht zu fürchten brauche: „Hab keine Angst! Gott wird dir helfen. Denn du selbst hilfst deinen Verwandten, und du kleidest und unterstützt die Bedürftigen. Du bist ein großzügiger Gastgeber. Du gehst den Weg der Wahrheit, und hast dich ganz in den Dienst des Guten gestellt."

Khadidsche ging davon aus, dass jemand, der für seine Mitmenschen lebt, selbstverständlich unter dem Schutz des Besitzers des Universums steht. Warum sollte Gott einen solchen Menschen im Stich lassen? Muhammed beschritt genau den Weg, den Gott Sich für ihn wünschte. Warum hätte Er Sich also von ihm abwenden sollen, wenn Ihm doch diese Schöpfung und die Menschen am Herzen lagen?

Khadidsche stärkte dem Propheten den Rücken und richtete ihn wieder auf. Damit gab sie allen Muslimen ein leuchtendes Vorbild. Natürlich lässt Gott all jene, die Ihn suchen, in schwierigen Zeiten nicht allein. Doch diese Wahrheit in Zeiten der Furcht und der Unsicherheit auch auszusprechen – dazu bedurfte es schon der einzigartigen Tapferkeit der Khadidsche.

Direkt im Anschluss ging Khadidsche zu Waraqa ibn Newfel, um auch ihn einzuweihen. Im Grunde genommen war sie kaum überrascht gewesen. Es war lediglich das eingetreten, worauf sie schon lange gewartet hatte. Auch für Waraqa kam dieses Ereignis nicht völlig überraschend. Er aber konnte sich kaum mehr beherrschen. Mit lauter Stimme rief er aus: „Du Heiliger! Du Heiliger! Bei dem, in Dessen Hand Waraqas Seele liegt, wenn das, was du sagst, der Wahrheit entspricht, o Khadidsche, dann ist ihm der bedeutendste *Nāmūs* (der Engel, der mit den Geheimnissen Gottes betraut ist) erschienen; jener *Namus,* der zuvor schon zu Moses und Jesus gekommen ist. Ohne jeden Zweifel ist er der Prophet dieses Volkes. Geh, und sag ihm das, und halte ihn dazu an, standhaft zu sein!“

Nun war nicht länger zu übersehen, dass die Dunkelheit der damaligen Zeit von einem Licht zerrissen wurde, welches vom *Dschebel en-Nur* aus immer heller erstrahlte. Dieses Licht würde die Nacht in einen Tag verwandeln, und es würde nie mehr ausgelöscht werden. Aus dem Samenkorn war ein junger Baum gesprossen, der sich nun aus der Erde erhob. Die Zeit war gekommen.

Waraqa bestand darauf, die Neuigkeiten noch einmal aus erster Hand zu hören. Mit Khadidsches Hilfe ging der alte Mann zum Propheten. Er küsste ihn respektvoll auf die Stirn, um ihm so zu signalisieren, dass der Altersunterschied ihn nicht daran hindern werde, dem sehnsüchtig erwarteten Propheten seine Ehrerbietung zu erweisen. Dann bat er ihn, ihm alles genau zu berichten. Während Waraqa die Worte des Propheten in sich aufsog, konnte er seine Gefühle kaum unter Kontrolle halten. Tatsächlich – dieser Mann war der Prophet, über den er so viel gelesen und auf den er so sehnsüchtig gewartet hatte. Hocherfreut sprach Waraqa: „Ich wünschte, ich wäre noch jung und dürfte den Tag erleben, an dem dich dein Volk vertreiben wird. Ich würde dir beistehen und dich unterstützen." Da erschrak der Prophet, hatte er doch nicht damit gerechnet, aus Waraqas Mund solche Worte zu vernehmen. Um sich zu vergewissern, dass er ihn nicht falsch verstanden hatte, fragte er nach: *Mein Volk wird mich vertreiben?* Doch Waraqa versicherte ihm: „Ja, das wird es tun. Denn es hat noch niemanden gegeben, der, ähnlich wie du, die Wahrheit gebracht hat und dafür nicht vertrieben wurde.“[40]

DER ERSTE MUSLIM

KHADIDSCHE, DIE SCHON IM ZEITALTER DER Unwissenheit die Reine und Makellose genannt worden war, war also die Erste, die Muhammed ihren Glauben kundgab. Damit wurde sie zum ersten Muslim nach dem Propheten selbst. Ibn Abbas zufolge verrichtete der Prophet das erste Gebet, das auch Niederwerfungen umfasste, an einem Montag. Und schon am Abend desselben Tages, als er sich erneut an Gott wandte, war er nicht mehr allein. Denn hinter ihm betete Khadidsche, die sich ihm ohne Zögern angeschlossen hatte.[41]

Der Prophet lehrte sie das Ritual der Waschung vor dem Gebet und die unterschiedlichen Positionen, die im Gebet einzunehmen sind, ganz so wie Gabriel ihn selbst gelehrt hatte. Aus dieser Form sollte sich in späteren Jahren das fünfmal täglich zu verrichtende Pflichtgebet herauskristallisieren. Schon bevor Muhammed die Prophetenschaft übernommen hatte, hatte sie in ihm einen in jeder Hinsicht außergewöhnlichen Menschen gesehen, dem gegenüber sie sich auch entsprechend verhielt. Wie sehr sie ihn aber nun, nach der ersten Offenbarung, verehrte, lässt sich kaum ermessen.

Diese erste Offenbarung empfing Muhammed also zu einer Zeit, in der die Welt in Unwissenheit versank. Und nicht zum ersten Mal in der Geschichte widersetzten sich die Nutznießer der Dunkelheit dem Licht. Doch Khadidsche war dem Propheten ein großer Rückhalt. Wann immer er erschöpft war oder aufgrund der Entwicklungen frustriert, stand sie ihm zur Seite und spendete ihm Trost. Sie war stets darum bemüht, so viel Zeit wie möglich mit ihm zu verbringen, und tat alles, was in ihrer Macht stand, um ihm seine Aufgabe zu erleichtern. Der Weg, der vor ihm lag, war – das wurde sehr schnell deutlich – mit Problemen gepflastert, und schon die ersten Schritte auf diesem Weg erwiesen sich als äußerst beschwerlich. Auf der anderen Seite jedoch wurde die Liebe, die seine Mitstreiter auf diesen Weg mit einbrachten, reichlich belohnt. Kein Schmerz wurde nutzlos und umsonst erlitten. Weil Gott Seine Diener liebt, unterzieht Er sie den unterschiedlichsten Prüfungen. Denjenigen, die Seine Prüfungen geduldig bestehen, lüftet Er den Schleier Seiner Gunstbeweise und beschenkt sie über allen Maßen großzügig mit Seiner Gnade. Gott hält Seine Versprechen und belohnt die Ausdauernden und Standhaften mit ewigen, unvergänglichen Freuden. Das größte Leid und die unerträglichsten Schmerzen haben schon immer Gottes liebste Geschöpfe, die Propheten, erdulden müssen. Und nach ihnen all jene, die den Propheten bedingungslos gefolgt sind und sich ebenfalls ganz in den Dienst der Sache Gottes gestellt haben. So wurden sie darauf vorbereitet, ihre schwierigen Aufgaben zu erfüllen und den Weg der Wahrheit zu repräsentieren. Mit anderen Worten: Wie unerfreulich und unangenehm Prüfungen dieser Art oberflächlich betrachtet auch sein mögen, reinigen sie den Menschen doch und helfen ihm, sich weiterzuentwickeln. Was uns in dieser Welt an Unannehmlichkeiten begegnet, birgt also nicht nur Schmerz und Leid, sondern kündet in erster Linie von der Gnade Gottes gegenüber uns Menschen.

In den ersten Tagen des Islams versuchten die Quraysch mit aller Macht, das Aufblühen der neuen Religion zu verhindern. Sie waren der mächtigste Stamm, sie hatten am meisten zu verlieren. Dementsprechend übten sie gesellschaftlichen Druck auf den Propheten und Khadidsche aus, mit dem Ziel, sie zu verletzen und ihnen jeden Mut zu nehmen. Zum Beispiel drohte man Ebū Lehebs Söhnen ʻUtbe und ʻUteybe und versprach ihnen andererseits, sie könnten jede beliebige andere Frau aus dem Stamm heiraten, wenn sie sich nur von ihren Gattinnen Ruqayye bzw.

Umm Kulthum, den Töchtern Muhammeds und Khadidsches, scheiden ließen. Utbe und Uteybe besaßen keinen so starken Charakter, als dass sie diesem Druck lange hätten standhalten können, und willigten irgendwann ein.

Der Prophet und seine Frau wurden also praktisch von einem Moment auf den anderen mit dem Scheitern der Ehen von gleich beiden Töchtern konfrontiert. Welch ein schrecklicher Schicksalsschlag! Und in beiden Fällen schien es nur einen einzigen Grund zu geben – die Tatsache, dass die Ehefrauen Töchter des Propheten waren. Nur Ebu As ibn ar-Rabi', Zeynebs Ehemann, blieb standhaft und treu an der Seite seiner Frau. Er lebte ein ehrenwertes Leben, fällte seine eigenen Entscheidungen und ließ es nicht zu, dass sich jemand in seine Angelegenheiten einmischte. Solange er eine harmonische Ehe führte, sah er überhaupt keinen Anlass, sich scheiden zu lassen. Und dass seine Frau manche Dinge etwas anders sah als er, störte ihn nicht, denn es bereicherte ihre Ehe.

Die Offenbarung der Botschaft Gottes hatte gerade erst begonnen. Über 23 Jahre hinweg sollten dem Propheten immer wieder neue Koranverse enthüllt werden. Am Anfang war in keiner Weise absehbar, welches Ergebnis am

Ende stehen würde. Erst einmal bedurfte es eines festen und unerschütterlichen Glaubens. Zwar stand Gott auch schon damals hinter Muhammed, nach außen hin aber erweckte es den Anschein, als sei Muhammed ganz auf sich allein gestellt. Mehr und mehr wurde er zur Zielscheibe. Die Quraysch verstärkten ihren Druck auf ihn, streuten Dornzweige vor ihm aus und bewarfen ihn mit Steinen. Genau wie all jene, die vor ihm die Menschen auf die Offenbarung aufmerksam gemacht hatten, bekämpfte man auch ihn mit allen Mitteln und versuchte, ihn zum Schweigen zu bringen. Wer in jenen Tagen zugab, an die Botschaft Muhammeds zu glauben, begab sich damit automatisch in größte Schwierigkeiten. Gläubige Menschen konnten sich morgens, wenn sie das Haus verließen, nicht sicher sein, dass sie abends unversehrt wieder zurückkehren würden. Wenn sie nachts ins Bett gingen, wussten sie nicht, ob sie jemals wieder aufwachen würden. In einer Atmosphäre des Hasses wurden Schwerter geschliffen und über Köpfen geschwungen. Die Namen aller Gläubigen wurden auf eine Schwarze Liste gesetzt, und jeder, der sich darauf wiederfand, wurde zu einem potenziellen Ziel der Ungläubigen. So verstieß man die Anhänger Muhammeds aus der Gesellschaft und zwang sie dazu, ein Leben unter Sanktionen und Repression zu führen.

Sich in einer solchen Zeit als Gläubiger zu erkennen zu geben, erforderte ungeheuer viel Mut. Gott Selbst preist in Seiner Heiligen Schrift den untadeligen Charakter der Menschen, die allen Schikanen und Feindseligkeiten zum Trotz schon damals den Islam annahmen. Ihnen wurde ein höherer „Rang" zugestanden, weil sie ihr Leben und ihren Besitz in den Dienst am Islam stellten, ohne auch nur im Entferntesten zu ahnen, welchen Glanz er in der Zukunft einmal ausstrahlen würde. Naturgemäß wurden sie höher eingestuft als jene, die sich erst dann zu der neuen Religion bekannten, als sie bereits in voller Blüte stand.[42] Obwohl zweifelsohne auch ihre Nachfolger das Wohlgefallen Gottes finden, erfreuen sich die Pioniere und Wegbereiter doch höherer Wertschätzung. Folglich rühmte der Prophet persönlich Ebū Bekr eṣ-Ṣiddīq vor ʿUmar ibn el-Khaṭṭāb[43] und ʿAbd ar-Raḥmān ibn ʿAwf vor Khālid ibn Welīd.[44] Bis zu seinem Tod vergaß er nicht, welche Loyalität ihm diese treuen Freunde entgegengebracht hatten, als er von allen anderen bekämpft worden war.

Die Erste der Ersten aber war unbestreitbar Khadidsche – seine erste Liebe, seine erste Ehefrau und eben die Erste, die nach den Ereignissen auf dem Lichtberg an ihn glaubte. Darüber hinaus war sie die Erste, die die Gebetswaschungen so vollzog, wie der Erzengel Gabriel den Propheten gelehrt hatte, und die Erste, die gemeinsam mit Muhammed das Pflichtgebet verrichtete.[45]

Der Name Khadidsche bedeutet so viel wie „die Frühgeborene". Und ihre Persönlichkeit spiegelte diese Bedeutung exakt wider. Sie war ihren Mitmenschen weit voraus, niemand besaß ähnliche Qualitäten wie sie. Sie war der erste Stern, der über der Zeit der Unwissenheit aufging, und die erste Rose, die in der Frühzeit des Islams erblühte. Um diesen Rang wurde sie von vielen beneidet. ʿAfīf ibn ʿUmar etwa bedauerte später sehr, die Chance, ihr nachzueifern, vertan zu haben: „In der Zeit der Unwissenheit war ich Geschäftsmann. Eines Tages stattete ich ʿAbbās ibn ʿAbd el-Muṭṭalib einen Besuch ab. Gerade in Mina angekommen, wurden wir beide Zeugen, wie ein Mann einen Blick auf die Sonne warf, zu dem Schluss kam, dass sie gleich untergehen würde, und anschließend begann, sein Gebet zu verrichten. Eine Frau schloss sich ihm an und betete hinter ihm, und auch ein Jugendlicher eilte herbei und betete mit ihnen. Ich fragte Abbas ibn Abd el-Muttalib: ‚Wer ist das, Abbas?' Und er antwortete mir: ‚Das ist Abdullahs Sohn, der Enkel von Abdulmuttalib. Er ist auch der Sohn meines Bruders. Er sagt, er sei ein Prophet. Außer dieser Frau und dem Jungen gibt es niemanden, der ihm glauben würde. Aber er behauptet, schon bald werde man ihm Juwelen aus den Schatzkammern der Könige von Ägypten und Persien übergeben.‘ Da fragte ich weiter: ‚Wer ist denn die Frau?‘, und Abbas entgegnete: ‚Diese Frau ist Khadidsche bint Khuweylid, seine Gattin.‘ ‚Und wer ist der Junge?‘ ‚Der Junge ist der Sohn seines Onkels Ali ibn Ebi Talib.‘ Auf meine Frage, was sie denn dort täten, antwortete er mir: ‚Sie beten.‘“[46] Afif ibn Umar schloss mit den Worten: „Wie sehr wünschte ich, ich wäre damals Muslim geworden und hätte als vierter Mensch das Gebet verrichtet.“[47]

EINE UNVERGESSLICHE LOYALITÄT

KHADIDSCHE GEHÖRTE ABER NICHT NUR ZU den ersten Repräsentanten des Islams, sondern blieb ihm auch bis zu ihrem letzten Atemzug treu. Wie hätte ihre Loyalität also jemals in Vergessenheit geraten können? Jahre nach Khadidsches Tod beschrieb Aische, selbst ein Muster an Loyalität, wie der Prophet das Andenken an Khadidsche in Ehren hielt: „Obwohl ich sie nie persönlich kennenlernen durfte, war ich sehr eifersüchtig auf die Liebe des Propheten zu jener anderen Frau, Khadidsche. Ständig erwähnte er ihren Namen, und ihr Andenken hielt er dadurch in Ehren, dass er jedes Mal, wenn er ein Schaf schlachtete, Khadidsches Bekannten einen Teil davonzukommen ließ."[48] Der Prophet liebte diejenigen, die auch sie geliebt hatte, und wer liebt, vergisst seine Geliebten nie. Er brachte ihren Verwandten so großen Respekt entgegen, dass er ihnen ohne Zögern das Kissen, auf dem er gerade saß, anbot. Auf die Frage, warum er das denn tue, pflegte er zu antworten: *Ich liebe diejenigen, die sie geliebt hat.*[49]

Einmal bekam der Gesandte Gottes mit, wie Hale bint Khuweylid, Khadidsches Schwester, an der Haustür klopfte und Einlass begehrte. Ihre Stimme und ihre ganze Art erinnerten ihn so stark an Khadidsche, dass er sofort aufsprang und freudestrahlend rief: *Bei Gott, es ist Hale, Khadidsches Schwester!* Da wurde Aische sehr eifersüchtig und fragte ihn, warum er jemandem, der schon vor Jahren gestorben war, soviel Aufmerksamkeit schenke. Wahrscheinlich wollte sie ihren Ehemann vor allem daran erinnern, dass Gott ihr selbst mindestens ebenso große Tugenden verliehen hatte wie Muhammeds erster Frau und dass sie diese Form der Verehrung für übertrieben hielt. Vielleicht hatte Gott es ja so gewollt, dass sie diese Lobeshymnen auf Khadidsche aus dem Munde des Propheten vernahm. Muhammed jedenfalls tadelte sie: *Gab es jemals eine Frau wie sie? Ich schwöre bei Gott, dass Er mir niemanden zur Seite gestellt hat, der mir wertvoller gewesen wäre als sie. Sie hat an mich geglaubt, als die Menschen mich verleugneten. Sie hat mich bestärkt, als die Leute mich der Lüge bezichtigten. Und als man mich meiner Rechte beraubte, hat sie mich mit ihrem Hab und Gut unterstützt. Durch sie hat Gott mir Kinder geschenkt.* Der Prophet hoffte, Aische würde verstehen, dass ihre Reaktion unangemessen gewesen war und dass er es niemals dulden würde, dass irgendjemand Khadidsches Andenken beschmutzte. Diesen Standpunkt brachte er klar und deutlich zum Ausdruck, und sofort bat Aische ihn um Verzeihung. Sie versprach ihm, nie wieder etwas Schlechtes über Khadidsche zu sagen.[50]

ZWIEGESPRÄCHE MIT DEM ERZENGEL

Angefangen von dem Moment, in dem Muhammed die Leitung ihrer Karawane nach Damaskus übernommen hatte, bis zu seiner Rückkehr als Prophet vom *Dschebel en-Nur,* wo ihm die erste Offenbarung zuteilgeworden war, hatte es Khadidsche für ihre wichtigste Pflicht gehalten, ihm zur Seite zu stehen. Wenn er der Stadt Mekka überdrüssig wurde und sich in die einsame Höhle auf dem Berg zurückzog, pflegte sie ihm nach einer gewissen Zeit zu folgen und ihm ihre Gesellschaft anzubieten. Wenn sich seine Rückkehr verzögerte, bereitete sie ihm etwas zu essen zu und brachte es ihm auf den Berg. Einmal begegnete sie dort dem Erzengel Gabriel, der die Gestalt eines Menschen angenommen hatte: Ein Fremder, den sie noch nie zuvor gesehen hatte, fragte sie nach dem Gesandten Gottes. Khadidsche war misstrauisch und hatte Angst, er könnte ihrem Mann etwas zuleide tun. Aber als sie später dem Propheten von dieser Begebenheit erzählte, lächelte er. Er klärte sie auf, dass sie niemand anderen als den Erzengel Gabriel getroffen hatte. Erst da entspannte sich Khadidsche.

Als sich die maßgeblichen Autoritäten der Quraysch gegen den Propheten verschworen hatten, hielt Khadidsche stets zu ihm. Als die

Strategie seiner Widersacher darin bestand, sein Umfeld gegen ihn aufzubringen, fand er bei ihr Trost. Und als sie ihn töten wollten, war sie ihm ein sicherer Hafen. Um ihn zu unterstützen, setzte sie ihre ganze Intelligenz ein. Einmal wurde behauptet, nicht der Erzengel Gabriel sei ihrem Ehemann erschienen, sondern der Teufel persönlich. Also fragte sie Muhammed: „O mein Cousin! Lässt du mich wissen, wenn dein Herr dich noch einmal besucht?“ Der Prophet versprach es, und als Gabriel das nächste Mal erschien, rief er Khadidsche herbei: *Gabriel ist hier. Er befindet sich neben mir.* Khadidsche verlor keine Zeit. Sie rannte zum Propheten und bat ihn, er möge sich auf ihre Knie setzen. Der Prophet wollte ihre Gefühle nicht verletzen und tat, wie ihm geheißen wurde. Da fragte sie ihn: „Siehst du ihn (Gabriel) noch?“ Als er bejahte, ließ sie den Propheten auf ihrem anderen Knie Platz nehmen und anschließend auf ihrem Schoß. Jedes Mal fragte sie ihn:

„Siehst du ihn auch jetzt noch?“ Und jedes Mal bejahte er. Dann nahm sie ihr Kopftuch ab, zog ihn an ihre Brust und fragte ihn erneut: „Siehst du ihn auch jetzt noch?“ Diesmal jedoch verneinte er, worüber sich Khadidsche sehr freute. Sie sagte: „Möge Gott dir frohe Kunde zuteilwerden lassen! Sei dir sicher, ich schwöre bei Gott, dass dies ein Engel ist, und nicht der Teufel. Wäre es der Teufel, hätte er kein Schamgefühl gezeigt und hätte uns nicht verlassen.“[51]

Bei einer anderen Gelegenheit verriet der Erzengel Gabriel dem Propheten Muhammed in der Höhle Hira, dass Khadidsche auf dem Weg zu ihm sei: „Khadidsche wird kommen und dir etwas zu essen und zu trinken bringen. Sag ihr, dass ihr Herr sie grüßt, und richte ihr auch meinen Gruß aus. Außerdem sag ihr, dass im Himmel, wo es weder Strapazen noch Erschöpfung gibt, ein Schloss aus Edelsteinen auf sie wartet.“ Als sie nach kurzer Zeit tatsächlich eingetroffen war, richtete der Prophet ihr alles aus. Sie aber blieb bescheiden und erwiderte: „Gott ist Frieden, und Er ist der Quell allen Friedens! Möge Gott dir Seinen Frieden und Seine Gunstbeweise zuteilwerden lassen. Mögen all jene Frieden finden, die Grüße empfangen, außer dem Teufel. Richte Gabriel auch meinen Gruß aus.“[52]

IMMER IN DER NÄHE DES PROPHETEN

KHADIDSCHE BEMÜHTE SICH STETS, DIE GEdanken und Gefühle des Propheten nachzuempfinden und so zu handeln, wie er es ihrer Meinung nach für richtig halten würde. Schon sehr schnell war ihr aufgefallen, dass der Prophet Zeyd, einen ihrer Sklaven, mit besonderer Aufmerksamkeit bedachte. Daraus schloss sie, dass dieser einen ausgezeichneten Charakter besitzen musste. Also machte sie ihn ihrem Mann zum Geschenk. Wie bereits erwähnt erfuhren Zeyds Verwandte einige Jahre später von seinem Aufenthaltsort und wollten ihn zurückholen. Da ließ ihm der Prophet die Wahl: *Wenn du möchtest, kannst du bei uns bleiben. Aber du kannst auch mit deinem Vater fortgehen.*[53] Ohne Zögern entschied sich Zeyd, an der Seite des Propheten zu bleiben, der ihm die Freiheit geschenkt und ihn wie einen Sohn behandelt hatte. Er zog die ewige Freiheit dem Glück und der Wärme seiner Familie vor. Ähnlich wie Khadidsche wurde auch Zeyd ibn Ḥārithe zu einem der Wegbereiter des Islams. Genau wie sie begriff auch er schon nach kurzer Zeit, dass der Weg, dem er folgen musste, durch dieses erhabene Haus hindurchführte.

Khadidsche wich dem Propheten nicht von der Seite und teilte ihre innere Schönheit mit ihm. In schwierigen Zeiten war sie es, die ihn immer wieder aufrichtete. Und als er von den Quraysch verfolgt und gedemütigt wurde, war sie sein treuester Gefährte und Helfer.[54]

DIE WEGBEREITERIN

KHADIDSCHE WAR REICH. ABER KEIN NOCH so großer Reichtum dieser Welt garantiert uns ein Leben in Frieden oder die Befriedigung unserer emotionalen Bedürfnisse. Reichtum ist nur dann wirklich wertvoll und gewinnt obendrein noch an Wert, wenn er mit Blick auf ein bestimmtes Ziel angehäuft und verwendet wird. Auf diese Weise verwandelt er sich möglicherweise sogar in einen ewig währenden Schatz, der selbst die Welt des Jenseits erstrahlen lässt. Und so widmete Khadidsche ihr Leben und ihren gesamten Besitz dem Dienst an der Sache Gottes und Seines Propheten. Vor allem nach der ersten Offenbarung stellte sie all ihre persönlichen Bedürfnisse zurück und arbeitete stattdessen Tag und Nacht, um ihm dabei zu helfen, dem Unglauben der Mekkaner entgegenzutreten. Sie ging von Tür zu Tür, in der Hoffnung, wenigstens dem einen oder anderen Mekkaner die neue Botschaft nahezubringen. Und obwohl man jeden ihrer Schritte verfolgte und jeden Fortschritt, den sie erzielte, wieder zunichtezumachen versuchte, ließ sie sich davon nicht aus der Fassung bringen. Wann immer sie zwei Menschen sah, die sich gerade unterhielten, gesellte sie sich hinzu, machte ihnen Hoffnung auf ein ewiges Leben und ließ sie an ihrem Glauben teilhaben. Die Gelegenheit, die Werte, die ihnen übermittelt worden waren, kundzutun, ergab sich für Muhammed und Khadidsche vor allem auf Einladungen zum Abendessen. Und so schickte der Prophet Zeyd ibn Harithe und Ali ibn Ebi Talib, die damals Jugendliche waren, zu ihren Nachbarn, um diese zu sich einzuladen. Khadidsche kochte für die Gäste.

Khadidsche organisierte viele solcher Einladungen, sprach auch die weniger Wohlhabenden an und opferte ihren Reichtum dem Ziel, die Herzen ihrer Mitmenschen für das Schöne empfänglich zu machen. Nur wenige Jahre nach der ersten Offenbarung war von ihrem Besitz kaum etwas mehr übrig, und sie selbst war bedürftig geworden. Es lag ihr am Herzen, die Menschen in ihrem Umfeld darüber aufzuklären, welche Werte durch die Offenbarung verkündet wurden. Ihre Großzügigkeit kannte keine Grenzen. Sie betrachtete es als eine Ehre, alles, was sie besessen hatte, für ihren Glauben hingegeben zu haben.

Ihre Opferbereitschaft und ihre Selbstlosigkeit waren ganz und gar unvergleichlich, was ihr den höchsten Rang unter allen Frauen der Welt eintrug. Der Prophet Muhammed beschrieb ihre Ehrbarkeit einmal, indem er mit dem Finger auf Himmel und Erde zeigte und sagte: *Maria, die*

Mutter Jesu, ist die makelloseste Frau in den Himmeln; und die wertvollste [noch lebende] Frau auf Erden ist Khadidsche, die Tochter des Khuweylid.[55] Dem Propheten zufolge war Khadidsche eine der vier vollkommensten Frauen, die von Anbeginn der Welt auf der Erde gelebt haben.[56]

DER BOYKOTT

Parallel zur Zahl der Gläubigen wuchsen auch der Hass und die Gewaltbereitschaft der Quraysch. Wenn es in ihrer Macht gestanden hätte, dann hätten sie den Gläubigen sogar die Luft zum Atmen verwehrt. Sie spionierten ihnen nach und nutzten jede Gelegenheit, ihnen zu schaden. Und als die Verfolger der ersten muslimischen Auswanderer nach Abessinien unverrichteter Dinge nach Mekka zurückkehrten, waren sie tief enttäuscht. Die teuren Geschenke, die man vorbereitet hatte, um die Abessinier zu bestechen und eine Auslieferung der Muslime zu veranlassen, waren zurückgewiesen worden. Hinzu kam, dass man den Muslimen offenbar Zuflucht gewährt und gestattet hatte, zu „ihrem" Gott zu beten und die ihnen angeblich von Gott offenbarten Verse zu rezitieren.

Die Quraysch waren außer sich. Nicht genug damit, dass sich die Muslime ihrem Zugriff entzogen hatten und ihren Glauben frei praktizieren durften. Zudem mussten sie erfahren, dass nun auch Umar ibn el-Khattab zu der Gemeinschaft der Muslime beigetreten war. Das brachte das Fass zum Überlaufen. Bereits zuvor hatten andere Männer Partei für den Propheten ergriffen, so z. B. Hamza, der aufgrund seiner Unerschrockenheit auch „der Löwe" genannt wurde. Nun fühlten sie sich mehr und mehr bedroht. Die Dinge entglitten ihnen zunehmend, und sie hatten Angst, ganz die Kontrolle zu verlieren.

Entschlossen, sich der aufstrebenden muslimischen Gemeinschaft ein für alle Mal zu entledigen, beriefen sie eine Versammlung ein, auf der sie eine folgenschwere Entscheidung fällten. Man war sich einig, dass alle Muslime endgültig aus Mekka vertrieben werden sollten. Zu diesem Zweck plante man, alle Verbindungen zu ihnen zu kappen und sie damit unwiderruflich aus der Gesellschaft auszustoßen. Fortan durfte niemand mehr mit Muslimen Handel treiben, und außerdem versperrte man ihnen den Zugang zu allen Nahrungsmittel- oder Wasserquellen. Darüber hinaus war es ab jetzt streng verboten, den Sohn oder die Tochter eines Muslims zu heiraten.

Für die junge muslimische Gemeinschaft bedeutete dies eine schwere Prüfung. Am meisten litt darunter der Prophet Muhammed, denn er musste hilflos mit ansehen, wie seine geliebten Menschen und treuen Anhänger verfolgt und schikaniert wurden. Die Feindseligkeit der Machthaber in der Stadt ging so weit, dass sie nicht einmal die Existenz einiger weniger Gläubiger in Mekka dulden wollten. Sie würden nicht eher ruhen, bis dass ihre Stadt vollständig „gesäubert" wäre. Mekka hatte sich mit aller Macht gegen die Muslime verschworen und trachtete ihnen nach dem Leben. Vor allem Ebu Dschehl trat auf wie ein Pharao früherer Zeiten und er war die zentrale Figur, die die Diskriminierungen organisierte.

Letztlich sollten Muhammed und seine Gläubigen dazu gezwungen werden, Mekka aus eigenem Antrieb zu verlassen. Zwangsläufig würden sie dann in der Wüste an Hunger und Durst sterben, und man selbst brauchte sich nicht die Hände schmutzig zu machen. Denn eine Blutfehde, die sich gut und gern über ein ganzes Jahrhundert hätte hinziehen können, sollte auf jeden Fall vermieden werden. Die gebrandmarkten „Außenseiter" sollten einen langsamen, quälenden Tod sterben. In der tödlichen Hitze der Wüste würde ihnen niemand zu Hilfe eilen.

Waraqas Prophezeiung war Realität geworden. Jeder Widerstand war zwecklos, den Muslimen blieb gar nichts anderes übrig, als ihre Häuser und ihre Stadt zu verlassen. Einmal mehr war es jedoch Muhammeds Onkel Ebu Talib, der die Muslime in Schutz nahm und ihnen zumindest eine notdürftige Unterkunft anbieten konnte. Er sorgte dafür, dass außerhalb von Mekka, an einem kargen und kümmerlichen Ort namens

Schi'b Ebī Ṭālib, ein Flüchtlingslager errichtet wurde. Als Zelte dienten dort zusammengeflickte Stoffteile, die an dünnen Stäben befestigt wurden. Bemerkenswert war, dass Ebu Talib die Muslime unterstützte, obwohl er selbst es ablehnte, sich zum Islam zu bekennen.

Dieser Boykott dauerte drei Jahre. Die Probleme nahmen ständig zu, und Tag für Tag wurden die aus den Zeiten dringenden Klagen lauter. Denn die Bewohner des Lagers litten nicht nur Hunger und Durst, sondern auch unter ansteckenden Krankheiten. Die Mekkaner hingegen berührte all dies nicht, denn das Schicksal der Leidenden erfreute sie.

Drei lange Jahre – wie grausam muss diese Katastrophe gewesen sein, die weder Frauen noch Kinder, weder Ältere noch Kranke verschonte? Die Schreie der entkräfteten Kinder waren weithin zu hören. Wie Messerstiche drangen sie in die Herzen der Erwachsenen. Viele Muslime, so zum Beispiel Sa'd ibn Ebī Waqqāṣ, litten so großen Hunger, dass sie Gott schon dafür dankten, wenn sie ein Stück Leder fanden, welches sie waschen und essen konnten. Das ließ sie einige weitere Tage durchhalten.[57] Die meisten von ihnen ernährten sich von Blättern und Baumrinde. Was sollten sie auch anderes tun, als ihre Bedürfnisse wie die Schafe zu stillen?[58]

Khadidsche, die früher einmal eine reiche Frau gewesen war, traf all das besonders hart. Doch ihr und ihrem Ehemann waren die Hände gebunden. Die Quraysch hatten alle Straßen blockiert, kaum jemand wagte sich auch nur in ihre Nähe. Wahrscheinlich hätten die Quraysch Khadidsche sogar von diesem Boykott ausgenommen, wenn sie nicht darauf bestanden hätte, unbedingt an der Seite des Propheten bleiben zu wollen. Sie stammte nämlich nicht aus der Familie der Haschim, die das erklärte Ziel all dieser Schikanen war. Hätte sie nur ein Wort gesagt, dann hätte sie ein komfortables Leben genießen können, anstatt diese Höllenqualen zu durchleiden. Aber ihr Vertrauen und ihr Charakter waren so stark, dass sie ihren Ehemann, an dessen Prophetenschaft sie vom ersten Tag an geglaubt hatte, niemals verlassen hätte. Gemeinsam hatten sie schöne Zeiten erlebt, nun teilten sie auch ihr Leid. So gab sie Hunger und Durst den Vorzug vor einem warmen Zuhause in Mekka. Und das war auch gut so, weil der Prophet in dieser Zeit mehr denn je auf ihre Unterstützung angewiesen war.

Khadidsche war keine Frau, die einfach tatenlos herumsitzen konnte. Dadurch dass die

Muslime aus Mekka vertrieben worden waren, hatte man sie vieler ihrer Möglichkeiten, Einfluss geltend zu machen, beraubt. Der Großteil ihres Besitzes war inzwischen entweder ausgegeben oder beschlagnahmt worden, doch einige wenige Güter hatten vor dem Zugriff der Mekkaner bewahrt werden können. Da sie den Markt kannte, beauftragte sie ihren Neffen Hakim ibn Hizam, diese dort zu verkaufen und für den Erlös Nahrungsmittel und Kleidung für die Menschen im Lager zu erwerben. Hakim war zwar noch kein Muslim. Aber er liebte seine Tante so sehr, dass er sich nicht scheute, ihr zuliebe diesen gefährlichen Auftrag durchzuführen. Eines Tages jedoch, er hatte gerade eine Handvoll Weizen für sie gekauft, wurde er von Ebu Dschehl angehalten. Dieser war eine Autoritätsperson. Nicht einmal sein eigener Bruder wagte es, ihm zu widersprechen. Er drohte Hakim: „Bringst du den Haschimiten etwas zu essen? Ehe ich sehe, dass du ihnen Nahrungsmittel bringst, werde ich dich lieber ins Gefängnis sperren. Ich werde dich anklagen und in Mekka bloßstellen.“ Während sich Hakim zu rechtfertigen versuchte, kam Ebu'l-Bakhterī hinzu. Auch er gehörte zur Familie der Haschim, und auch er war noch nicht Muslim geworden. Aber er war ein gerechter und gütiger Mensch. Also versuchte er, zu vermitteln: „Was ist hier los?“, fragte er. Ebu Dschehl klärte ihn auf: „Er wollte den Haschimiten etwas zu essen bringen.“ Ebu’l-Bakhteri aber erwiderte: „Sehe ich das richtig? Er hat Essen für seine Tante bei sich, und du willst ihn daran hindern, es ihr zu bringen? Geh ihm aus dem Weg!“ Als Ebu Dschehl sich nicht von der Stelle rührte, begannen sie sich zu prügeln. Dabei verletzte ihn Ebu’l-Bakhteri mit einem Knochen, den er vom Boden aufgelesen hatte, am Kopf.

Dieser Vorfall führte letztlich dazu, dass die Boykotterklärung gegen die Muslime von den Stadtmauern Mekkas entfernt wurde.[59] Doch für viele Muslime kam dieser Schritt zu spät. Khadidsche litt auch weiterhin schwer unter der Situation. Sie und ihr Ehemann waren nach wie vor die Hauptleidtragenden. Sie hatten sechs Kinder zusammen, und ihr erster Sohn, Qasim, starb nun, als er gerade angefangen hatte zu krabbeln. Ihr blutete das Herz, und viele Tränen flossen ihr die Wangen hinunter. Ihre Stärke, die sie jedes Unglück ertragen ließ, das das Haus des Propheten heimsuchte, hatte sie geduldig werden lassen. Doch angesichts dieses Todes suchte sie Zuspruch und Trost bei ihrem Ehemann und sagte zu ihm: „O Gesandter Gottes, Qāsims Zeit war abgelaufen. Ich wünschte aber, er hätte ein wenig länger gelebt, zumindest so lange, bis ich ihn abgestillt hätte." Muhammed aber tröstete sie voller Zärtlichkeit: *Er wird im Himmel weiter gestillt werden.* Dieses Versprechen richtete sie wieder auf, und so entgegnete sie: „Hätte ich das gewusst, wäre mir sein Tod weniger unerträglich gewesen." Dann fügte der Prophet hinzu: *Wenn du möchtest, kann ich zu Gott beten, dass Er dich seine Stimme hören lässt.* Doch in ihrem unermesslichen Vertrauen auf Gott verzichtete Khadidsche darauf: „Nein (ich brauche keinen Beweis). Ich akzeptiere, was Gott und Sein Prophet sagen."[60]

Khadidsche war der erste Mensch, der an den Gesandten Gottes geglaubt hatte und ihm gefolgt war. Durch ihre Unterstützung hatte Gott einen Teil der schweren Last von Schultern des Propheten Muhammed genommen. Wann immer jemand das Wort gegen ihn ergriffen, ihn verhöhnt oder ihm gar nach dem Leben getrachtet hatte, hatte sie ihm den Rücken gestärkt und ihn wieder aufgemuntert. Ihre Liebe und Loyalität waren stärker als alle Widerstände gewesen und hatten ihn all seine Sorgen vergessen lassen. Ihr Mitgefühl und ihre Zuneigung hatten die Wolken des Leides vertrieben und ihn schnell wieder lächeln lassen. Doch langsam aber sicher nahte der Zeitpunkt, der ihr bestimmt war. Schon bald würde sie Abschied nehmen müssen von dieser vergänglichen Welt und in die Himmel zu ihrem Schöpfer zurückkehren.

Es war eine sehr traurige Zeit. Nach Qasim hatte auch ihr zweiter Sohn ʿAbdullah die Schmerzen dieser Welt hinter sich gelassen und sich aufgemacht zu den Verheißungen der Himmel. Den Jahren schwerer Entbehrung folgten nun die Heimsuchungen von Abschied und Trennung. Wie jeder guten Mutter waren auch für Khadidsche die wertvollsten Schätze auf Erden ihre Kinder, die sie an ihrer Brust genährt hatte und die nun eins nach dem anderen starben.

Als nächster wurde Ebu Talib ibn Abd el-Muttalib von Gott zu Sich berufen, was dem Propheten einen neuerlichen schweren Schlag versetzte. Sein Onkel war wie ein Vater zu ihm gewesen und hatte seine schützende Hand immer über ihn gehalten. Und Khadidsche war nicht einmal dazu in der Lage, an seinem Begräbnis und der Totenwache teilnehmen. Denn sie selbst lag zu dieser Zeit bereits auf dem Sterbebett in einem notdürftig zusammengeflickten Zelt in der Wüste.

DER ABSCHIED

DREI TAGE ERST WAREN SEIT EBU TALIBS Tod vergangen. Der Prophet hatte sich sehr gewünscht, dass sein Onkel den Islam annahm, aber vergeblich. Das Glaubensbekenntnis war ihm nicht mehr über die Lippen gekommen, obwohl sich Muhammed wohl kaum etwas sehnlicher gewünscht hätte. Muhammeds anderer Onkel Abbas glaubte zwar, die Worte noch ganz schwach aus dem Mund von Ebu Talib vernommen zu haben. Doch der Prophet schüttelte nur mit dem Kopf.[61]

Zeit, diese Enttäuschung zu verarbeiten, blieb dem Propheten Muhammed aber nicht. Denn er machte sich große Sorgen um die Zukunft der jungen muslimischen Gemeinschaft. Nun, da er seinen einflussreichsten Fürsprecher und Verteidiger verloren hatte, war davon auszugehen, dass die Quraysch ihre Attacken verstärken würden. Und als ob all dies nicht bereits schlimm genug gewesen wäre, lag Khadidsche, seine Ehefrau und treueste Gefährtin, auf dem Sterbebett. Wie schlecht es ihr bereits ging, wurde Muhammed schlagartig klar, als er den Vorhang ihres Zeltes beiseiteschob. Ihr Anblick zerriss ihm das Herz. Die Zeichen des bevorstehenden Abschieds waren nicht länger zu übersehen. Khadidsche würde nicht länger gegen den Hunger und den Schmerz ankämpfen können. Sie war eine der reichsten Frauen Mekkas gewesen und hatte sich nicht gescheut, auf ihren Reichtum zu verzichten. Jetzt aber war sie schwer vom Hunger gezeichnet. In ihren unendlich großen Schmerz mischte sich die Trauer, den Propheten und ihre Kinder zurückzulassen. Ihr Geist und ihr Herz hingen so sehr an ihnen. Sie hatte sehr früh das Licht dieser Welt erblickt, hatte sich bereits früh zur Wahrheit bekannt und nahm einen frühen Abschied. Noch einmal zeigte sich ein letztes Lächeln auf ihrem Gesicht. Offensichtlich war der Erzengel Gabriel zu ihr gekommen und hatte ihr frohe Kunde aus den Himmeln überbracht.

Dann jedoch entdeckte sie ihren Mann, der sie vom Eingang des Zeltes aus mit überwältigender Zärtlichkeit und Liebe betrachtete, was ihr all ihre Trauer zurück ins Bewusstsein rief. So trauerten sie gemeinsam, jeder in Sorge um den anderen. Schluchzend trat der Prophet an ihre Seite und rang um Worte. Unter Tränen sagte er zu ihr: *Du hast all das für mich auf dich genommen. Du hättest ein anderes Leben verdient gehabt.* Damit wollte er zum Ausdruck bringen, dass eine so großartige Frau wie sie eigentlich ein viel glanzvolleres Leben hätte führen müssen. Sie aber hatte sich für ihn entschieden und damit auch für jenen beschwerlichen Weg, den sie gemeinsam beschritten hatten. Er fügte hinzu: *Aber vergiss nicht, Gott hat verfügt, dass auf jede Mühe und jedes Leid etwas Gutes folgt.*[62] So schwer es ihr auch fallen mochte, ihren geliebten Ehemann und Propheten zu verlassen; ihre Zeit war um, und so starb sie in den Armen des Mannes, für den sie all ihren Wohlstand und ihr Leben hingegeben hatte.

Im Alter von 65 Jahren ließ Khadidsche alle Mühsal dieser Welt hinter sich und siedelte über in das ewige Schloss aus Perlen, das der Erzengel Gabriel ihr verheißen hatte; an jenen Ort, an dem es weder Strapazen noch Erschöpfung gibt. Ihr Leben, das in der Nacht der Bestimmung *(Leyletu'l-Qadr)* begonnen hatte, endete auch in ebendieser Nacht der Bestimmung. Der Prophet selbst trug sie auf den Friedhof Hadschūn, ihr Tor zur Welt der Ewigkeit, und begrub sie dort eigenhändig.[63] Khadidsche hatte sich in ihrem Leben auf vielen Gebieten den Titel „die Erste“ erworben. Und so ging sie auch als die erste Märtyrerin aus der Familie des Propheten in den Tod.

Der Prophet Muhammed verlor damit innerhalb von nur drei Tagen seine beiden verlässlichsten und wichtigsten Stützen.[64] Und seine

Aufgabe würde mit Sicherheit nicht einfacher werden; denn es stand zu erwarten, dass ihn die Quraysch in Zukunft noch erbarmungsloser verfolgen würden. Doch schon bald darauf wurde ihm die Himmelsreise *(Miʿrādsch)* gewährt, auf der ihm für kurze Zeit die Tore der Himmel geöffnet wurden. Als Anerkennung für seine Standhaftigkeit in diesen düsteren Tagen wurden ihm Anblicke präsentiert, die sonst allein Gott vorbehalten sind. Diese Himmelsreise war auch die einzige Gelegenheit, bei der Gott dem Propheten von Angesicht zu Angesicht Koranverse offenbarte.

UNVERGESSLICHE ERINNERUNGEN

Der Schmerz eines Lebens ohne Khadidsche traf den Propheten mit aller Härte. In den folgenden Jahren, bis zur Auswanderung nach Medina, war er ein einsamer Mensch, und man sah ihm an, dass er immerfort an seine verstorbene Frau denken musste; ganz als wäre sie nicht gestorben, sondern säße – wenn auch unerreichbar – gleich im Raum nebenan. Eines Tages sagte einer seiner Gefährten zum Propheten Muhammed: „Gesandter Gottes, deine Trauer angesichts des Todes von Khadidsche scheint dich zu überwältigen." Was hätte er darauf schon antworten können. Natürlich setzte ihm die Trauer um sie hart zu, also sagte er nur: *Ja. Sie war die Mutter meiner Kinder und die gnädige liebe Frau meines Hauses.* Eines Tages fragte Fatima ihren Vater: „Wo ist meine Mutter Khadidsche jetzt gerade?" *In einem Schloss aus Schilfrohr,* entgegnete der Prophet Muhammed prompt. „Aus Schilfrohr, wie wir es kennen?" *Nein, nein, aus einer Art Schilfrohr, das mit Perlen, Rubinen und Edelkorallen verziert ist,* klärte der Prophet sie auf und beschrieb ihr dann noch weitere Details des Schlosses ihrer Mutter.[65]

Nach dem Tod von Khadidsche legte sich also eine dunkle Wolke über den Propheten, und die Menschen in seinem Umfeld fürchteten um sein

Leben. Diesem Zustand sollte er erst entkommen, als er Jahre später in Medina zum zweiten Mal heiratete, nämlich Aische. Doch vorerst war der Prophet sehr einsam. Geblieben waren ihm nur die Kinder, die Khadidsche in seiner Obhut gelassen hatte. Und er fand Trost darin, ihnen wie auch vielen anderen Menschen aus seinem Umfeld bei jeder Gelegenheit von Khadidsche zu erzählen.

ZEYNEB UND IHR EHEMANN

Wie bereits erwähnt, liess sich Ebu'l-As, im Gegensatz zu den beiden anderen Schwiegersöhnen des Propheten, nicht von den Quraysch dazu bewegen, sich von seiner Frau scheiden zu lassen. Er gehörte zu den wohlhabendsten Menschen in Mekka und war außerdem dafür bekannt, nur ehrliche Geschäfte zu tätigen. Ebu'l-As war Khadidsches Neffe. Sie hatte ihn immer wie einen Sohn behandelt, und sie war es auch gewesen, die die Idee gehabt hatte, ihm Zeyneb zur Frau zu geben. Der Prophet hatte diesem Bund seinen Segen erteilt. Als dann die ersten Offenbarungen kamen, hatten sich seine Töchter sogleich zum Islam bekannt. Seine Schwiegersöhne hingegen hatten sich dagegen entschieden. Ebu Lehebs Söhne Utbe und Uteybe hatten dem Druck nicht standgehalten und sich von Ruqayye und Umm Kulthum scheiden lassen. Für Ebu'l-As kam das nicht in Frage. Er führte mit Zeyneb eine glückliche Ehe, aus der bereits zwei Kinder hervorgegangen waren, Tochter 'Umame und Sohn 'Alī.

Aber obwohl er den größten Respekt vor seinem Schwiegervater Muhammed und vor seiner Schwiegermutter und Tante hatte und beide sehr bewunderte, konnte auch er sich dem Druck nicht ganz entziehen. Er fürchtete, dass man sagen würde, er habe sich seiner Frau gegenüber nicht durchsetzen können. Nur ihr zuliebe habe er sich von der Religion seiner Väter gelöst, und nur ihr zuliebe habe er den Islam angenommen. Deshalb weigerte er sich, sich zu der neuen Religion zu bekennen. Die Folge war, dass Zeyneb nicht mit ihrem Vater nach Medina auswandern konnte und stattdessen bei ihrem Mann in Mekka blieb. Dem Islam zufolge darf eine Muslimin nicht mit einem nichtmuslimischen Mann zusammenleben, doch eine Trennung kam unter den gegebenen Umständen zunächst nicht in Frage.

Nach der Auswanderung des Propheten im Vorfeld der Schlacht von Bedr erhöhten die Verkenner in Mekka den Druck auf all jene wie Ebu'l-As oder auch Abbas, die dem Propheten zwar nahestanden, es aber ablehnten, die Stadt seiner Gegner zu verlassen. Man versuchte herauszufinden, auf wessen Seite sie wirklich standen, und man verlangte von ihnen, dass sie ihre Loyalität klar zum Ausdruck brachten. Ebu'l-As wusste, hätte er auch nur einen Moment lang gezögert, dann hätte man ihm vorgeworfen: „Statt bei seiner Karawane zu bleiben und das Hab und Gut der Quraysch zu schützen, hat er sich mit seiner Frau davon gemacht und ist geflohen.“ Ebu'l-As hätte dem keine Beachtung schenken sollen. Aber er war damals noch nicht reif genug. Jedenfalls zog er letztlich mit den Quraysch in die Schlacht von Bedr. Die vereinzelten Kämpfe entwickelten sich zu einer Schlacht, und wie diese Auseinandersetzung enden würde, war völlig offen. Die Verkenner und die Muslime lieferten sich eine erbitterte Schlacht, aus der die Muslime als Sieger hervorgingen. Viele Qurayschiten starben, andere wurden gefangen genommen, unter ihnen auch Ebu'l-As.

Die Muslime debattierten lange darüber, was mit diesen Kriegsgefangenen geschehen sollte. Denn zuvor hatte man sich darüber einfach noch keine Gedanken gemacht. Am Ende einigte man sich darauf, dass jeder Gefangene, der lesen und schreiben konnte, zehn Muslime in diesen Fertigkeiten unterrichten sollte. Die Analphabeten unter den Gefangenen sollten hingegen gegen Zahlung eines Lösegelds freigelassen werden. Als Zeyneb davon erfuhr, überreichte sie Ebu'l-As' Bruder ʿUmar ibn ar-Rabīʿa die Halskette, die ihr ihre Mutter Khadidsche einst zur Hochzeit geschenkt hatte. Dann schickte sie ihn los, um damit ihren Mann aus der Gefangenschaft freizukaufen. Insgeheim hoffte sie wohl, Ebu'l-As auf diese Weise innerlich zu bewegen, auf dass er aufgeschlossener für den Glauben wurde.

Die Muslime waren gerade damit beschäftigt, die Situation der Gefangenen zu erörtern, als ein Gefährte dem Propheten den Beutel mit der Kette brachte. Der Überbringer fügte hinzu: „Dies ist das Lösegeld, das Zeyneb für ihren Gefangenen schickt." Der Prophet öffnete den Beutel und erkannte augenblicklich die Kette, die einst seiner geliebten Khadidsche gehört hatte. Jahrelang hatte er sie nicht mehr zu Gesicht bekommen, und so trug sie seine Gedanken zurück in jene längst vergangenen Zeiten in Mekka. Khadidsche hatte die Kette eines Tages abgenommen und ihrer Tochter zur Hochzeit geschenkt. Sofort hatte der Prophet wieder ihr Bild vor Augen und schwieg ergriffen und sichtlich berührt. Auch die Gefährten schwiegen und fragten sich, wie man den Propheten wohl ein wenig ablenken könnte. Er aber brach kurz darauf selbst das Schweigen und bat seine Mitstreiter in einem warmherzigen Tonfall: *Wenn es euch Recht ist, lasst Zeynebs Gefangenen gehen, und gebt ihr ihren Besitz zurück.* Der Wunsch des Propheten war den Gefährten Befehl, alle stimmten ihm zu. Hätten die Gefährten dem Propheten denn auch jemals eine Bitte abschlagen können? Und überließ es der Koran ihnen nicht schließlich, ob sie ihre Kriegsgefangenen gegen ein Lösegeld oder ohne jede Gegenleistung freigaben?[66] Egal worum der Prophet sie bat, stets bemühten sie sich, ihm jeden Wunsch von den Lippen abzulesen. Ihre Herzen waren ihm völlig ergeben. Wenn er nur gewollt hätte, so hätte er die Freilassung von Ebu'l-As ohne weiteres auch einfach anordnen können, ohne sie nach ihrer Meinung zu fragen. Gott hatte ihm die nötige Autorität verliehen, und sie hatten sich ihm anvertraut. Aber der Gesandte Gottes bewies in dieser Situation wieder einmal, wie wichtig ihm das Prinzip der gemeinsamen Beratung war.

Schon zuvor hatte er selbst in den wichtigsten Angelegenheiten darauf größten Wert gelegt. Als man der Karawane der Quraysch gefolgt war und sich in Bedr unerwartet der Armee der Mekkaner gegenübersah, hatte er sich zunächst mit seinen Gefährten ausgetauscht, um ihre Meinung zu hören. Die führenden Persönlichkeiten, Ebu Bekr und Umar zum Beispiel, hatten ihm damals sofort eindeutig zu verstehen gegeben, dass sie ihn in jeder Hinsicht unterstützen würden. Die Helfer, seine medinensischen Anhänger, hingegen hatten erst das Wort ergriffen, als sie realisierten, dass der Prophet auch auf ihre Meinung Wert legte. Da hatte sich ihr Sprecher Saʿd ibn Muʿādh erhoben und gesagt: „Offenbar wartest du auf eine Antwort von uns, o Gesandter Gottes! Wir glauben an dich und schließen uns deiner Ansicht an. Wir bezeugen, dass du uns nichts als die Wahrheit gebracht hast. Wir geben dir unser Wort und werden zu unserem Wort stehen. Welche Richtung du auch vorgibst, wir werden mit dir gehen. Ich schwöre bei dem Einen, der dich gesandt hat: Selbst wenn du uns zum Meer führen und uns auffordern würdest es zu überqueren, selbst dann würde ein jeder von uns dir Folge leisten. Wir haben keine Angst davor, uns morgen unseren Gegnern zu stellen. Wir sind geduldige Männer, und du wirst dich bis zuletzt ganz auf uns verlassen können. Hoffentlich wird Gott dir unseretwegen die frohe Kunde des Triumphes zuteilwerden lassen. Mit Seinem Segen lass uns aufbrechen, o Gesandter Gottes!“

Auch im Fall Ebu’l-As zeigten sich die Gefährten des Propheten absolut einverstanden und akzeptierten seinen Wunsch von Herzen gern. Zeynebs Ehemann wurde also freigelassen. Anschließend rief der Prophet ihn zu sich, und die Gefährten wurden Zeugen, wie er ihm etwas ins Ohr flüsterte und Ebu’l-As zustimmend nickte.

Damit war die Angelegenheit erledigt, und Ebu’l-As kehrte, mitsamt der Halskette, nach

Mekka zurück. Dort wurde er von Zeyneb freudig empfangen. Sie war über glücklich, dass ihr Mann gesund und unversehrt aus dem Krieg heimgekehrt war. Ebu'l-As selbst jedoch war seltsam niedergeschlagen und schwermütig. Irgendetwas belastete ihn offenbar so sehr, dass es sogar seine Entlassung aus der Gefangenschaft überschattete. Deshalb fragte Zeyneb ihn:

„Was ist los mit dir? Warum bist du so deprimiert?“ Ebu'l-As aber reagierte überhaupt nicht, ganz als hätte er die Frage nicht gehört. Es musste also mehr dahinterstecken. Da jemandem, der nicht über seinen Kummer spricht, auch nicht zu helfen ist, ließ Zeyneb nicht locker. Schließlich sagte er: „Unser gemeinsamer Weg ist zu Ende, meine Liebe. Es ist Zeit, sich zu trennen.“ Plötzlich herrschte Schweigen. „Es tut mir so weh, aber ...“, fuhr er fort, und die Tränen hinderten ihn daran, weiterzusprechen. Da erst begriff Zeyneb und begann ebenfalls zu schluchzen. Gleichzeitig schoss es ihr durch den Kopf, dass es doch irgendeinen Grund für diese Trennung ohne jede Vorankündigung geben musste. Sofort vermutete sie den Druck der Quraysch dahinter: „Also bist auch du den Quraysch in die Falle gegangen. Du verlässt mich, weil sie dich dazu zwingen!“ Für Ebu'l-As war diese Unterstellung jedoch wie ein Stich ins Herz, und er stellte entrüstet klar:

„Nein! Ich habe mich nicht wie Utbe und Uteybe auf die Seite der Quraysch geschlagen. Weder habe ich ihnen mein Wort gegeben, noch habe ich irgendeine Übereinkunft mit ihnen getroffen." „Warum sollen wir uns denn dann trennen?", beharrte Zeyneb auf einer Antwort. Ebu'l-As nahm all seinen Mut zusammen und erwiderte: „Ich habe es versprochen, und ich muss mein Versprechen halten." „Welches Versprechen? Wem hast du so etwas versprochen?" ,,Deinem gesegneten Vater. Er hat mich aufgefordert, dich zu ihm zu schicken, und gesagt, der Islam habe uns getrennt. Seinem Glauben zufolge ist es nicht akzeptabel, dass du meine Ehefrau bleibst." „Gut", fiel ihm Zeyneb ins Wort, ,,Dann wirst du eben auch Muslim, und wir ziehen nach Medina und leben dort zusammen." Ebu'l-As aber antwortete: ,,Das sagst du so einfach. Für mich aber ist das sehr schwierig. Möchtest du etwa, dass die Quraysch sagen können, ich sei nur deshalb Muslim geworden, weil ich bei dir bleiben wollte oder weil ich Angst hatte, erneut in Gefangenschaft zu geraten? Würdest du ihnen so ein Argument in die Hand geben wollen? Wenn die Situation eine andere wäre, würde ich vielleicht tun, was du sagst. Aber so, wie die Dinge stehen, bleibt mir nichts anderes übrig, als mich in Geduld zu üben. Mach dich fertig, und brich bald auf!"

Offensichtlich war dies tatsächlich das Ende ihrer Ehe, und Zeyneb war darüber sehr traurig. Sie hatte alles in ihrer Macht Stehende getan, um ihren Mann davon zu überzeugen, Muslim zu werden. Auf der anderen Seite war da die Aussicht, endlich ihren Vater wiederzusehen. Ein größeres Glück konnte sie sich kaum vorstellen. Nur wünschte sie, es mit ihrem Mann teilen zu können. Ebu'l-As aber riss sie aus ihren Gedanken und sagte: „Dein Vater hat Zeyd ibn Harithe und einige weitere Freunde von den Helfern hergeschickt, die dich zurückbegleiten werden. Sie warten im Tal von Ye'dschūdsch auf dich. Beeil dich, und lass sie nicht warten!"

„Du wirst wirklich nicht mit mir kommen?", fragte sie ihn ein letztes Mal. „Nein, meine Liebe. Dein Vater hat es so gewollt, und ich werde mich seinem Willen fügen." Dann verließ er schluchzend das Haus, und Zeyneb begann zu packen. Als sie fertig war, bat Ebu'l-As seinen Bruder Kināne, sie zu Zeyd zu bringen, der auf sie wartete.

Und so machte sich Zeyneb betrübt auf den Weg nach Medina. Doch nur kurze Zeit später sollte sich herausstellen, dass schon der erste Teil dieser Reise nicht so verlaufen würde, wie es eigentlich geplant war. Bereits in Dhū Ṭuwā nämlich wurden Zeyneb und Kinane von den Quraysch gestoppt. Dort stellte sich ihnen Hubār ibn el-Eswed in den Weg, ein für seine Grausamkeit berüchtigter Feind der Muslime. Hubar war noch immer äußerst aufgebracht wegen der Niederlage der Mekkaner in der Schlacht von Bedr und wollte nun persönlich Rache nehmen. Also begann er, Zeynebs Kamel mit einem Spieß so lange zu traktieren und zu verletzen, bis es unruhig wurde und Zeyneb abwarf. Dann beugte er sich mit dem Spieß über das verängstigte Tier und schrie: „Ich schwöre, wenn irgendjemand es wagt, näher zu kommen, werde ich es töten." An diesem Punkt griff Ebu Sufyan ein. Er sagte: „O Bruder von Ebu'l-As, leg deine Pfeile auf den Boden, und lass uns reden!" Ihr Schwager Kinane war Zeynebs einzige Hoffnung, doch hatte der gar nicht vor, Ebu Sufyan die Stirn zu bieten. Wie hätte er sich auch den Führern seines Stammes widersetzen können? Ihr Wort war Gesetz, und Kinane stand auf ihrer Seite. Wenn er Zeyneb ein Stück ihres Weges (bis zu Zeyd ibn Harithe im Tal von Yedschudsch) begleitete, dann nur aus Loyalität gegenüber Ebu'l-As. Ebu Sufyan trat näher und machte ihm einen Vorschlag: „O Sohn der Rabia, was wir erlebt haben, blieb dir erspart, oder etwa nicht? Es kann doch wohl nicht sein, dass du dich am helllichten Tag mit dieser Frau hier blicken lässt. Du weißt doch, welches Elend und welchen Schmerz Muhammed und seine Anhänger über uns gebracht haben. Wenn unsere Leute euch hier so sehen, glauben sie, dass wir schon wieder von einem Unglück heimgesucht werden. Das aber wäre eine große Schmach für uns. Ich schwöre dir, wir haben es nicht nötig, seine Tochter festzuhalten, und wir werden auch keine Rache an ihr üben. Tue du aber, was nur recht und billig ist, und bring sie zurück nach Mekka. Lass die Menschen dort sehen, dass wir sie aufgehalten haben. Später kannst du sie geleiten, wohin du willst. Nur muss das unauffällig geschehen!"

Für Kinane war dies eine Beleidigung. Unter normalen Umständen hätte er diesem Befehl mit Sicherheit nicht Folge geleistet. Und nur allzu oft hatten sich in der Vergangenheit an verhältnismäßig geringfügigen Konfrontationen wie dieser Kriege entzündet, die Jahrhunderte lang andauern konnten. In dem Moment ging es nicht mehr um Religion, sondern um die Würde der Familie und damit auch um die einzelnen Mitglieder der Familie. Aber selbst wenn es Kinane schwerfiel, er musste gehorchen, weil er Zeyneb weinen und wehklagen hörte. Sie wand sich in Schmerzen und verlor offenbar viel Blut. Später sollte sich herausstellen, dass die Gewaltanwendung ihr nicht nur starke Schmerzen zugefügt hatte, sondern dass sie außerdem auch eine Fehlgeburt erlitten hatte.

Wie von Ebu Sufyan befohlen, kehrten sie zurück nach Mekka. Dort sprach sich der Vorfall schnell herum. Als Ebu Sufyans Frau Hind, die Schwester von Utbe hörte, was Zeyneb widerfahren war, schleuderte sie den Führern der Quraysch eine Beleidigung entgegen, die kaum schlimmer hätte ausfallen können: „Gegenüber einer einsamen und wehrlosen Frau spielen sie die Helden, aber wo waren sie in der Schlacht von Bedr? Wieso verwandeln sie sich erst nach dem Krieg in Löwen und zeigen nun plötzlich ihre Zähne, wo der Krieg doch vorbei ist?"

Einige Tage später unternahmen Kinane und Zeyneb, deren Wunden bis dahin teilweise abgeheilt waren, einen neuen, diesmal auch von Erfolg gekrönten Versuch, zu Zeyd ibn Haritha vorzustoßen. Nach einem langen und mühsamen Marsch erreichte Zeyneb schließlich Medina, wo sie der Prophet und andere Verwandte willkommen hießen. Als der Gesandte Gottes hörte, was Zeyneb durchgemacht hatte, versetzte es ihn in tiefste Trauer, und er kündigte an, dass die Verantwortlichen dafür Rechenschaft ablegen müssten.

Es zogen Jahre ins Land, bevor das Schicksal es so wollte, dass sich Zeynebs und Ebu'l-As' Weg in Medina wieder kreuzten. Ebu'l-As war mit einer Karawane der Quraysch nach Damaskus aufgebrochen, hatte dort einige Waren eingekauft und befand sich nun auf dem Rückweg, als man in ein Gefecht geriet und er zum zweiten Mal von den Medinensern gefangen genommen wurde. Man bot ihm an, den Islam anzunehmen, er aber lehnte erneut ab. Als Zeyneb von seiner Gefangennahme erfuhr, eilte sie in die Moschee, wo sich der Prophet und seine Gefährten versammelt hatten, und rief: „O ihr Leute, ich begnadige Ebu'l-As, den Sohn der Rabia!" Der Prophet hatte bereits mit dem Gebet begonnen. Er beendete es und wandte sich an die Gemeinschaft: *O ihr Leute, habt ihr gehört, was ich gehört habe?* Sie bejahten, also fuhr er fort: *Ich schwöre bei Gott, dass ich genau wie ihr erst jetzt davon gehört habe. Allerdings ist es unsere Pflicht, einen Muslim, der jemanden begnadigen möchte, zu unterstützen.* Dann ging er zu

Zeyneb, wechselte einige Worte mit ihr, kehrte in die Moschee zurück und wandte sich erneut an die Anwesenden: *Natürlich kennt ihr die Situation. Ihr könnt ihm seine Waren wiedergeben und ihn dann zurückschicken; und das würde uns freuen. Ihr könnt aber auch seine Waren behalten und für euch verwenden, das wäre euer gutes Recht!* Die Gläubigen verstanden und riefen wie aus einem Mund: „O Prophet, wir möchten ihm all seine Waren zurückgeben!"

So wurde Ebu'l-As abermals freigelassen. Anschließend machte er sich mitsamt seinen unversehrten Waren auf den Weg nach Mekka. Dort händigte er sie ihren Empfängern aus und sagte dann: „O ihr Volk der Quraysch! Gibt es jemanden, dem ich noch etwas schuldig bin?" „Nein, wir haben gesehen, wie pflichtbewusst und zuverlässig du bist", antwortete man ihm. Daraufhin erklärte er: „Ich bezeuge, dass es keine Gottheit außer Gott gibt und dass Muhammed Sein Diener und Gesandter ist. Ich schwöre, dass das Einzige, was mich noch davon abgehalten hat, ein Muslim zu werden, meine Furcht war. Ich hatte Angst, ihr könntet denken, ich würde dies nur tun, um mich eures Besitzes zu bemächtigen. Nun aber hat Gott mir gestattet, euch eure Waren auszuhändigen. Ich besitze nichts mehr, was euch gehören würde. Jetzt bin auch ich Muslim geworden."

Es war an der Zeit, Mekka und den Mekkanern Lebewohl zu sagen. Ebu'l-As begab sich direkt nach Medina und wiederholte dort in der Moschee in der Gegenwart des Propheten seinen Treueid. Der Prophet freute sich sehr über Ebu'l-As' Rückkehr und verheiratete ihn wieder mit seiner Tochter Zeyneb. Doch sollte Ebu'l-As nicht mehr lange mit ihr zusammenleben. Denn Anfang des achten Jahres nach der Hidschra folgte Zeyneb ihrer Mutter in das nächste Leben. Vier Jahre später starb auch Ebu'l-As.

Umame, die Tochter von Zeyneb und Ebu'l-As, pflegte hin und wieder zur Moschee zu kommen, um dort mit ihrem Großvater, dem Propheten, zu spielen. Manchmal kletterte sie sogar während er betete auf seinen Rücken. Einmal wurde dem Propheten Muhammed eine Kette zum Geschenk gemacht, die er an Umame weiterreichte und sie ihr um den Hals legte. Sie erinnerte ihn an jene Halskette, die Khadidsche Jahre zuvor Fatima um den Hals gelegt hatte. Als eben jene Fatima ihrerseits ihren Tod nahen spürte, riet sie ihrem Mann Ali, wie bereits erwähnt, nach ihrem Tod Zeynebs Tochter Umame zu heiraten. Ali folgte ihrem

Rat, nachdem er den Tod seiner ersten Frau lange betrauert hatte.

FELSENFESTE TREUE

Khadidsches Platz im Herzen des Propheten sollte für immer ihr gehören. Niemand hätte ihn ihr streitig machen können, und niemand hätte die Lücke, die ihr Tod aufriss, ganz schließen können. Von Zeit zu Zeit besuchte der Prophet Muhammed ihre alten Freunde, um die Erinnerung an sie lebendig zu halten. Der Gesandte Gottes blieb nach ihrem Tod drei Jahre lang allein. Trotz der außerordentlichen Belastungen jener Zeit konnte er sich erst nachdem die neue Gemeinschaft in Medina Wurzeln geschlagen hatte dazu entschließen, erneut zu heiraten.

Weitere Jahre später gelang es den Muslimen dann, Mekka zu erobern. Nach all den ereignisreichen Jahren, nach der Auswanderung und nach den Schlachten von Bedr, Uhud, Ḥudeybiyye und der Grabenschlacht konnten die Mekkaner dem Propheten und seinen Gefährten schließlich nichts mehr entgegensetzen. Nach all den Entbehrungen, die die Muslime hatten erdulden müssen, hallten ihre Schreie jetzt wieder durch das Tal von Mekka. Diesmal aber waren es keine Schmerzensschreie, sondern Schreie der Freude wie Musik. Denn die Muslime waren nun stark, und zuletzt wurde ihnen der Sieg geschenkt. Wo zuvor einige wenige verfolgte Menschen gezwungen worden waren, ihre Häuser und ihre Stadt zu verlassen, brachen nun über 10.000 Mann entschlossen von Medina nach Mekka auf. Doch als die Stadt schon in Sichtweite war, ließ es sich der Prophet Muhammed nicht nehmen, zuerst noch das Grab seiner unvergessenen Frau Khadidsche auf dem Friedhof Hadschun zu besuchen (der etwas außerhalb gelegen war).

Mit seinem Leben gab der Prophet der ganzen Menschheit ein Beispiel, und in seiner Verehrung des Andenkens Khadidsches zeigte er uns, was wahre Loyalität und Treue bedeuten. Er stand an ihrem Grab, und Gott allein weiß, welche Erinnerungen da an seinem inneren Auge vorbeizogen und welche Gebete er sprach. Er betete mehrere Stunden lang, und es ist anzunehmen, dass ihre Zuneigung und Wärme, ihre Opferbereitschaft und ihre Hingabe an den Weg Gottes in seinem Bewusstsein noch einmal Gestalt annahmen. Dann kehrte der Prophet zu den Zelten in Ebteh zurück und machte sich mit seiner Gefolgschaft auf den Weg Richtung Mekka.

Khadidsches Erben, ihre gemeinsamen Kinder, nahmen einer nach dem anderen Abschied von ihrem Vater: Qasim war bereits im Säuglingsalter gestorben, Abdullah noch als Baby. Und auch ihre Töchter Zeyneb, Umm Kulthum und

Ruqayye ließen diese Welt nacheinander hinter sich, um sich mit ihrer Mutter im Jenseits wieder zu vereinen. In den letzten Tagen des Propheten auf Erden war ihm von all seinen Kindern, die er mit Khadidsche hatte, nur Fatima geblieben. Sie spendete ihrem Vater in der Zeit vor seinem Abschied Trost und Zuspruch. Sechs Monate nach dem Tod ihres Vaters nahm auch sie Abschied von dieser Welt, außerstande, die Abwesenheit ihrer geliebten Eltern zu ertragen.

SCHLUSSBEMERKUNG

KHADIDSCHE FÜHRTE EIN SO VORBILDLIches Leben, dass sie in den Augen Gottes und des Propheten unbestreitbar das allerhöchste Ansehen genoss. Und wie wir gesehen haben, fiel ihr dieses Ansehen nicht einfach so zu. Sie musste es sich überaus hart erarbeiten und dabei unzählige Hindernisse überwinden und Prüfungen bestehen. Wir Menschen wachsen mit den Aufgaben, die wir meistern. Unser wahres Gesicht zeigt sich, wenn Geduld, Mut und Entschlossenheit gefragt sind, wenn es darum geht, nicht zu zaudern, sondern tapfer und beherzt voranzuschreiten.

Jede schwierige Zeit in der Geschichte hat ihre eigenen Helden hervorgebracht. Khadidsche war eine der Heldinnen der ersten Tage des Islams. Ihr Leben wurde zur Legende, und Gott Selbst und Sein geliebter Diener Muhammed, der letzte der Propheten, waren diejenigen, die dieses Epos erzählt haben. Wer sonst hätte die Rolle des Helden auch nur annähernd so brillant verkörpern können? Denn sie war Muhammeds erste und wichtigste Quelle des Trostes und der Unterstützung. An sie wandte sich der Prophet, wann immer er Hilfe brauchte. Sie war nicht nur ein Muster an Hingabe und Opferbereitschaft, sondern besaß auch unübertreffliche Tugenden und einen erhabenen Geist. Niemand konnte in punkto Großzügigkeit und Wohltätigkeit mit ihr konkurrieren. Wie viele Menschen leben wohl heute auf dieser Welt, die all ihren Reichtum für eine gute Sache und ihre Ideale dahingeben? Manche mögen ja behaupten, dass auch sie dazu bereit wären. Aber im Moment der Wahrheit bleiben nur sehr, sehr wenige wahre Helden übrig, die tatsächlich solch große Opfer bringen.

Wenn wir uns nun abschließend noch einmal ins Bewusstsein rufen, was wir auf den Seiten dieses Buches über Khadidsche erfahren haben, so dürfte eines zumindest außer Zweifel stehen: In der Weltgeschichte gab es sicherlich nicht viele Menschen mit ihren Eigenschaften und ihrem Charakter. Jeder, der diese einzigartige Frau bewundert, sollte sich bemühen, ihr in seinem eigenen Leben nachzueifern. Ganz bestimmt gibt es keinen besseren Weg, das Wohlwollen Gottes und Seines Propheten zu erlangen.

BIBLIOGRAPHIE

Ibn ʿAbdilberr, Ebū ʿUmar Yūsuf ibn ʿAbdillāh en-Nemirī: *El-Istīʿāb fī Maʿrifeti'l-Aṣḥāb.* Bd. I–IV. Dāru'l-Djīl, Beirut. 1991/1412 AH.

El-ʿAkk, Khālid ʿAbdurraḥmān: *Mewsūʿati'l-ʿUẓamā' hawle'rRasūl,* Bd. I–III. Damaskus: Dāru'n-Nefā'is, 1991.

El-Buḫārī, Ebū ʿAbdillāh Muḥammed ibn Ismāʿīl: *El-Djāmiʿu's-Ṣaḥīḥ.* Bd. I–VI; Beirut: Dār ibn Kethīr, 1987.

Eḏ-Ḏehebī, Schemsuddīn Muḥammed ibn Aḥmed: Siyaru Aʿlāmi'n-Nubelā. I–XXIII. Beirut : Muessesetu'r-Risāle, 1992.

Djāmilī, es-Seyyid: *Nisā' hawle'r-Rasūl.* El-Mektebetu't-Tewfīqiyye.

El-Esbahānī, Ismāʿīl ibn Muḥammed ibnu'l-Faḍl et-Teymiyyi'l-Eṣbehānī: *Delā'ilu'n-Nubuwwe* (mit einer Kritik von Muḥammed elḤaddād). Riyad: Daru't-Ṭaybe, 1409 AH.

Ibnu'l-Eṯīr, Ebu'l-Ḥasan ʿIzzuddīn ʿAli ibn Muḥammed ʿAbdulkerīm: *Usdu'l-Ghābe fī Maʿrifeti'ṣ-Ṣaḥābe.* I–VI. Beirut: Dāru'l-Fikr, 1989.

Ibn Ḥadjar, Aḥmed ibn ʿAlī ibn Djaʿfar el-ʿAsqalānī: *El-Iṣābe fī Temyīzi'ṣ-Ṣaḥābe* [erforscht durch Ali Muhammed el-Bedjawī]. Beirut: Dāru'l-Djīl, 1991/1992.

Ibn Ḥadjar, Aḥmed ibn ʿAlī ibn Djaʿfar el-ʿAsqalānī: Fetḥu'l-Bārī bi Scherḥi Ṣaḥīḥi'l-Buḫārī. I–XIII. [Erforscht durch Muhammed Fuad Abdulbakī-Muhibbuddin el-Hatīb.] Beirut: Dāru'l-Maʿrife, 1959.

Ḥākim, Ebū ʿAbdillāh Muḥammed ibn Abdillāh en-Nīsābūrī: *El Mustedrek ʿale'ṣ-Ṣaḥīḥayn.* Bd. I–V. Beirut: Dāru'l-Kutubi'l-ʿIlmiyye, 1990.

Ḥalebī, Maḥmūd Ṭuʿme: *El-Mi'etu'l-Ewā'il min Ṣaḥabiyyāti'rRasūl.* Beirut: Dāru'l -Maʿrife, 2004.

Ibn Ḥanbel, Aḥmed Ebū ʿAbdillah esch-Scheybānī: *El-Musned.* Bd. I–VI. Ägypten: Mu'essesetu'l-Qurtuba.

Ibn Ḥammed, Ebū Bischr Muḥammed ibn Aḥmed:

Eḏ-Ḏurriyyetu'ṭ -Ṭāhira. Kuwait: Daru's-Selefiyye, 1986/1407 AH.

El-Heyṯemī, Nūraddīn 'Ali ibn Ebī Bekr: *Medjme'uz-Zewā'id we Menba'u'l-Fewā'id.* Bd. I–X; Kairo: Dāru'r-Reyyān li't-Turāṯ, Daru'l-Kitābi'l'Arabī, 1986/1407 AH.

Ibn Hischām, 'Abdulmelik ibn Hischām ibn Eyyūb el-Ḥimyerī: *Es-Sīratu'n-Nebewiyye.* Bd. I–VI [erforscht durch Tāhā 'Abdurrauf Sa'd]. Beirut: Dāru'l-Djīl, 1990.

Ibn Isḥāq, Muḥammed ibn Isḥāq ibn 'Abbas el-Fāqihī. *Aḫbār Mekke,* Bd. I–VI; Beirut: Daru'l-Ḥaḍāra, 1414 AH.

Ibn Keṯīr, Ebu'l-Fidā' Isma'īl ibn 'Umar ed-Dimaschqī: *El-Bidāye we'n-Nihāye.* Bd. I–XIV. Beirut: Mektebetu'l-Ma'ārif, 1988.

Ibn Mādje, Muḥammed ibn Yezīd el-Qazwīnī: *Es-Sunen.* Bd. I–II. Beirut: Daru'l-Fikr, 1992.

Al-Mansura: *Mektebetu'l-Īmān.*

El-Munāwī, Muḥammed el-Med'uww bi 'Abdirra'ūf: *Feyḍu'l-Qadīr Scherḥu Djāmi'i'ṣ-Ṣagīr.* Bd. I–VI. Ägypten: El-Mektebetu't-Tidjāriyyeti'l-Kubrā, 1937.

Muslim, Ebu'l-Ḥuseyn el-Ḥadjjādj en-Neysābūrī: *El-Djāmi'u'ṣ-Ṣaḥīḥ.* Bd. I–V. Beirut: Dāru'l-Iḥyā'i't-Turāṯi'l-'Arabī, 1992.

Esch-Schenāwī, 'Abdu'l 'Azīz: *Ṣuwar min Ḥayāti'ṣ-Ṣaḥābiyyāt Durūs we 'Ibar.*

Esch-Schiblī, Maḥmūd: *Ḥayātu Ummi'l-Mu'minīn Ḫadīdje.* Beirut: Dāru'l Djeyl, 1992.

Es-Suyūṭī, 'Abdurraḥmān ibn el-Kemāl Djelāluddīn: El-Haṣā'iṣ u'l-Kubrā. I–III. Kairo : Dāru'l-Kutubi'l-Hadīṯe, 1967.

Eṭ-Ṭabarānī, Ebu'l-Qāsim Muḥammed ibn Aḥmed: *El-Mu'djemu'l-Kebīr.* Bd. I–XX [erforscht durch Hamdi ibn Abdulmedjīd es-Selefī]. Mossul: Mektebetu'l-'Ulūmi we'l-Ḥikem, 1983.

Eṭ-Ṭabarī, Muḥammed ibn Djerīr ibn Yezīd ibn Hālid: *Tārīhu'l-Umem we'l-Mulūk (Tarīhu't-Taberī).* Bd. I–V. Beirut: Dāru'l-Kutubi'l-Ilmiyye, 1986.

Tewfīq, Muḥammed Ṯābit: *Ewwelu men eslemet min en-Nisā' esSeyyide Ḫadīdje bint Ḫuweylid.* Riyad: Mektebetu'l-'Ubeykān, 2000.

Tirmiḏī, Ebū 'Īsā Muḥammed ibn 'Īsā ibn Sewra: El-Djāmi'u'ṣ-Ṣaḥīḥ I–V. Istanbul: Çağrı Yayınları, 1992.

Yamānī, Muḥammed 'Abduh: *Ummu'l-Mu'minīn Ḥadīdje bint Ḫuweylid Seyyide fī Qalbi'l-Muṣṭafā.* Damaskus: Mu'essesetu'l-'Ulūmu'l-Qur'ān, 3. Auflage, 2002.

ENDNOTEN

1 In Publikationen, die sich mit dem Propheten Muhammed beschäftigen, folgt normalerweise seinem Namen oder Titel der Ausspruch „Friede und Segen seien mit ihm!“ Damit bringen wir unseren Respekt vor ihm zum Ausdruck. Ein ähnlicher Ausspruch folgt normalerweise der Nennung seiner Gefährten oder anderer bedeutender Muslime: „Möge Gott zufrieden mit ihm (bzw. ihr) sein!“ Da diese Aussprüche nichtmuslimische Leser aber vom Thema ablenken könnten, wird in diesem Buch ganz bewusst darauf verzichtet. Keineswegs soll dieser Verzicht aber eine wie auch immer geartete Respektlosigkeit zum Ausdruck bringen.

2 Da die Unruhestifter mit Elefanten anrückten, wurde das Jahr ihres Angriffs später das „Jahr des Elefanten“ genannt. Es war das Jahr 571 n. Chr., in dem auch Muhammed, der zukünftige Prophet, geboren wurde.

3 El-Buḫārī, Ṣaḥīḥ el-Buḫārī, 2/521 (1369).

4 Ibnu'l-Eṯīr, Usdu'l-Ghābe fī Maʻrifeti'ṣ-Ṣaḥābe, 2/58.

5 Et-Tirmiḏī, Sunen et-Tirmiḏī, 4/540 (2288).

6 Ibnu'l-Eṯīr, Usdu'l-Ghābe, 5/417.

7 Ibnu'l-Eṯīr, ebenda, 2/308.

8 El-Buḫārī, Ṣaḥīḥ el-Buḫārī, 3/1047 (2692); Muslim, Ṣaḥīḥ Muslim, 4/1879 (2425).

9 Die Kaabe ist der erhabenste Ort, den der Islam kennt. Wenn Muslime das Hauptgebet verrichten, richten sie sich überall auf der Erde zur Kaabe.

10 Yamānī, Muḥammed ʻAbduh, Ummu'l-Mu'minīn Ḥadīdje bint Ḫuweylid Seyyide fī Qalbi'l-Musṭafā, S. 37.

11 Der Hidschaz ist die nordwestliche Region der Arabischen Halbinsel. Hierzu gehören auch die Heiligen Stätten Mekka und Medina.

12 Ibnu'l-Eṯīr, Usdu'l-Ghābe, 5/390; Ibn Ḥadjar, Isaba, 6/557.

13 Yamānī, Ummu'l-Mu'minīn, S. 26.

14 Yamānī, ebenda, S. 27. Nach einigen Aussagen soll dieser Mann ein jüdischer Gelehrter gewesen sein.

15 Ibn Ḥadjar, El-Iṣābe fī Temyīzi'ṣ-Ṣaḥābe, 7/601.

16 Ez-Zurqānī, Scherḥu'l-Mewāhib, 1/200.

17 Zuhrī, Eṭ-Ṭabaqātu'l-Kubrā, 1/156; Eṣbehānī, Delā'ilu'n-Nubuwwe, 1/178.

18 Ibn Sa'd, Eṭ-Ṭabaqātu'l-Kubrā, 1/130.

19 Yamānī, Ummu'l-Mu'minīn, S. 119.

20 Zuhrī, Eṭ-Ṭabaqātu'l-Kubrā, 1/130.

21 Zuhrī, ebenda.

22 Ibn Sa'd, Eṭ-Ṭabaqātu'l-Kubrā, 1/130.

23 Es-Suyūṭī, El-Haṣā'iṣ u'l-Kubrā, 1/51.

24 Ibn Hischām, Es-Sīratu'n-Nebewiyye, 2/10.

25 Einigen anderen Quellen zufolge verpflichtete sich der Prophet, 20 Kamele zu zahlen, was umgerechnet wahrscheinlich 500 Dirham entsprach.

26 In einigen Überlieferungen ist von Waraqa ibn Newfel die Rede.

27 Yamānī, Ummu'l-Mu'minīn, S. 65.

28 Ibn Isḥāq, Aḫbār Mekke, 5/206.

29 Ibn 'Abdilberr, El-Istī'āb, 3/1038.

30 Et-Tirmiḏī, Sunen et-Tirmiḏī, 5/700; Ibnu'l-Eṯīr, Usdu'l-Ghābe, 7/216.

31 El-Buḫārī, Ṣaḥīḥ el-Buḫārī, 4/1894 (4670).

32 El-Buḫārī, ebenda, 6/2561 (6581).

33 El-Buḫārī, ebenda, 1/4 (3).

34 Ibn Ḥammed, Eḏ-Ḏurriyyetu'ṭ-Ṭāhira, 1/33.

35 Ibn Ḥadjar, El-Iṣābe, 7/601; El-Munāwī, Feyḍu'l-Qadīr, 3/19.

36 El-Buḫārī, Ṣaḥīḥ el-Buḫārī, 1/4 (3).

37 Ibn 'Abdilberr, El-Istī'āb, 3/1096.

38 El-Buḫārī, Ṣaḥīḥ el-Buḫārī, 3/1164; El-Esbahānī, El-Mustedrak, 2/266 (1504).

39 El-Buḫārī, ebenda, 4/1721 (4364).

40 El-Heyṯemī, Medjme'uz-Zewā'id, 9/349.

41 Ibn Hischām, Es-Sīratu'n-Nebewiyye, 1/244.
42 Ibn Ḥanbel, El-Musned, 1/209-210; Ibn Sa'd, Eṭ-Ṭabaqātu'l-Kubrā, 8/18.
43 Ḥākim, El-Mustedrak, 3/201 (4842).
44 El-Buḫārī, Ṣaḥīḥ el-Buḫārī, 3/1389 (3607).
45 Yamānī, Ummu'l-Mu'minīn, S. 13.
46 Eṭ-Ṭabarānī, El-Mu'djemu'l-Kebīr, 23/11; Eḏ-Ḏehebī, Siyaru A'lāmi'n-Nubelā', 2/112.
47 El-Heyṯemī, Medjme'uz-Zewā'id, 8/256; Ibn Ḥadjar el-'Asqalānī, Fetḥu'l-Bārī, 7/720.
48 Ibn 'Abdilberr, El-Istī'āb, 4/1821.
49 Ibn Sa'd, Eṭ-Ṭabaqātu'l-Kubrā, 3/42.
50 Ibn Ḥadjar el-'Asqalānī, Fetḥu'l-Bārī, 7/604.
51 Muslim, Ṣaḥīḥ Muslim, 4/1886 (2430).
52 El-Heyṯemī, Medjme'uz-Zewā'id, 9/218.
53 Ibn Keṯīr, El-Bidāye we'n-Nihāye, 4/71.
54 El-Buḫārī, Riqāq, 17; Ed-Dārimī, Dschiḥād, 22.
55 Eṭ-Ṭabarī, Tarīhu't-Taberī, 1/550.
56 Ibn Mādje, Es-Sunen, 1/484 (1512).
57 Ibn Hischām, Es-Sīratu'n-Nebewiyye, 2/265.
58 El-Heyṯemī, Medjme'uz-Zewā'id, 9/218.
59 Ibn Sa'd, Eṭ-Ṭabaqātu'l-Kubrā, 8/18.
60 Das Jahr, in dem Ebu Talib und Khadidsche starben, wurde später das Jahr der Trauer genannt.
61 El-Heyṯemī, Medjme'uz-Zewā'id, 9/22
62 Sure El-Fetḥ, 48:4.3.
63 Ibn Ḥanbel, El-Musned, 1/255, 284; 3/438; 5/276, 382.
64 Eṭ-Ṭabarī, Tarīhu't-Taberī, 2/470.
65 Yamānī, Ummu'l-Mu'minīn, 157.
66 Ḥākim, El-Mustedrak, 3/25 (4306)

Prophetengeschichten

aus dem Weisen Koran

Shahada Sharelle Abdul Haqq

Wie haben die Propheten gelebt, in welche Schwierigkeiten sind sie und ihr Volk geraten? Wie überstand die Arche Noah die Sintflut? Wie konnte sich Josef aus dem tiefen Brunnen befreien? In diesem Buch werden die wichtigsten Ereignissen aus dem Leben von 25 Propheten skizziert.

Define Verlag • 200 S. • Hardcover • 9,90 €
ISBN 978-3-946-87124-8

Muhammed

Der Herr der Herzen

Rahime Kaya

Das Buch Muhammed - *Der Herr der Herzen* nimmt seine Leserinnen und Leser mit auf eine Zeitreise in eine Epoche, in der sich der Lauf der Menschheitsgeschichte entscheidend verändern sollte.

Define Verlag • 313 S. • Hardcover • 11,90 €
ISBN 978-6-054-97307-1

deinbuchshop.de

Muhammed Friede & Segen sei mit Ihm

Der Herr der Herzen für Kinder

Define Verlag

Amine, eine schwangere Frau aus Mekka, hatte einen sonderbaren Traum. Ein Licht strahlte aus ihr heraus und beleuchtete die Paläste der berühmten Stadt Bosra. Ihr wurde gesagt, dass ihr Sohn der Herr aller Völker sein wird. Sie solle ihn Muhammed nennen. Tatsächlich wurde Muhammed der Herr der Herzen und der Lehrmeister der Seelen. Das Buch erzählt in kindgemäßer Sprache seine faszinierende Lebensgeschichte.

96 S. • Hardcover • 9,90 €
ISBN: 978-3-946871-55-2

Aische - Die geliebte Mutter der Gläubigen

Abg e. V.

128 S. • Hardcover • 8,90 €
ISBN: 978-3-946871-56-9

Der ehrwürdige Ali Friede & Segen sei mit Ihm

Abg e. V.

136 S. • Hardcover • 8,90 €
ISBN: 978-3-946871-59-0